AF450697

NOTE

SUR LES

NAVIRES CUIRASSÉS

PAR

M. E. PÂRIS,

MEMBRE DE L'INSTITUT
(SECTION DE GÉOGRAPHIE ET DE NAVIGATION).

Accompagnée de 2 grandes planches gravées
et d'une lithographie.

PARIS

ARTHUS BERTRAND, ÉDITEUR

LIBRAIRIE MARITIME ET SCIENTIFIQUE

rue Hautefeuille, 21.

V

ARTHUS BERTRAND, ÉDITEUR, A PARIS,

LIBRAIRIE MARITIME ET SCIENTIFIQUE

21, RUE HAUTEFEUILLE.

L'ART NAVAL

ÉTAT ACTUEL DE LA MARINE

PAR

M. LE VICE-AMIRAL PÂRIS

DIRECTEUR GÉNÉRAL DU DÉPÔT DES CARTES ET PLANS DE LA MARINE,
MEMBRE DE L'INSTITUT, ACADÉMIE DES SCIENCES.

NAVIRES CUIRASSÉS — BLINDAGES — CONSTRUCTION —
TACTIQUE DE COMBAT — PAQUEBOTS — EMBARCATIONS, VOILURES,
DÉTAILS DIVERS — MACHINES MARINES — PROPULSEURS —
ARTILLERIE NOUVELLE

Un volume in-4, imprimé sur papier vélin fin et accompagné d'un bel Atlas
renfermant 21 planches in-folio gravées.

PRIX : 20 FRANCS

PROSPECTUS.

La marine produit des inventions si remarquables et montre aujour-
d'hui des perfectionnements et des nouveautés tellement importantes pour
la navigation comme pour la guerre, qu'il est aussi curieux qu'instructif
d'étudier les navires qui ont changé depuis peu les anciennes conditions
des voyages sur mer et qui ont dépassé ce qui semblait être les limites du
possible.

La matière elle-même a été changée, et le bois employé depuis tant de

siècles à construire les navires s'est vu en peu d'années remplacé par le fer.

Jamais époque maritime n'a été témoin de telles transformations, sous l'influence de l'échange rapide des idées et surtout de la puissance de la machine à vapeur, qui, elle aussi, grandit toujours; à peine croit-on ses limites posées qu'elle les dépasse presque aussitôt.

Une grande partie du nouvel ouvrage de l'amiral Pâris est consacrée aux navires cuirassés qui, nés depuis peu de l'initiative hardie de la France, changent tout à coup les conditions de la guerre et de la navigation, déjà modifiées par la vapeur. Cette lourde protection bouleverse nos anciens vaisseaux; elle place sur leurs flancs les poids situés autrefois vers le haut et modifie leurs qualités. Par la manière dont cette cuirasse fera combattre, elle supprime les voiles et réduit le navire à son combustible; six jours à toute vitesse! Elle localise donc la guerre maritime. Jamais époque maritime ne se montra plus extraordinaire et surtout n'apparut plus brusquement.

Mais ce qui a été fait n'a pas de bases certaines; car tandis que d'un côté on fait plier les vaisseaux sous leur cuirasse, de l'autre on invente des canons qui percent des plaques de plus en plus épaisses, et qui rendront le navire cuirassé de mer presque impossible, s'ils réussissent en pratique comme dans leurs courtes et récentes expériences.

Il a donc été intéressant, pour la marine, de réunir et de discuter tout ce que l'on sait sur ces nouvelles questions, et de consacrer la plus grande partie de ces pages au *premier* chapitre destiné aux navires cuirassés. Le *second* s'occupe des paquebots et cite les plus remarquables, en les détaillant assez pour les faire apprécier. Le *troisième* est destiné aux embarcations et à l'examen de divers accessoires. Le chapitre *quatrième* est consacré aux machines à vapeur marines et fait connaître l'application sur les navires des appareils du système de Woolf, pour réaliser des économies de combustible si importantes sur mer au point de vue de la dépense comme du rayon d'action des bâtiments à vapeur. Les propulseurs forment le chapitre *cinquième*. Enfin l'*artillerie nouvelle*, expériences et résultats, forme le dernier chapitre.

SUPPLÉMENT A L'ART NAVAL, OU DERNIÈRES INVENTIONS MARITIMES, d'après des documents récents. In-8 accompagné d'une table alphabétique des matières avec renvoi aux numéros, et de onze grandes planches gravées.　　　　4 fr. 50 c.

Navires à tourelle du capitaine Coles. — Navires à tourelle américains. — Navires partiellement cuirassés de M. Read. — Navires à réduit du capitaine Symonds. — Manœuvre mécanique des canons, par le capitaine Cunningham. — Canon sous marin du capitaine Coles. — Le Royal Sovereing. — L'Entreprise. — Dernières expériences, etc., etc.

ON TROUVE CHEZ LE MÊME LIBRAIRE.

PÀRIS, vice-amiral. — **DICTIONNAIRE DE MARINE A VAPEUR.** — *Nouvelle édition.*

Propriétés physiques de la chaleur et de la vapeur, tables.
Nature et propriété des métaux, tables.
Physique et chimie appliquées.
Combustibles, leur qualité, leur emploi.
Conduite des feux et surveillance.
Forges et métallurgie.
Types de toutes les machines à vapeur.
Puissance des machines à vapeur.
Description des machines à vapeur.
Détail de toutes leurs pièces.
Chaudières, foyers, cheminées, chauffage.
Outils divers pour les machines.
Fonderies, tour, ajustage.
Machines-outils.
Confection et montage des machines.
Conduite, dressage et entretien des machines.
Appareils destinés à modérer la puissance des machines.
Mécanismes de changement de marche.
Roues à aubes, pales fixes et articulées.
Hélices, construction graphique et formes différentes
Accessoires de l'hélice et détails.
Hélices fixes, hélices amovibles.
Pompes, leurs diverses espèces.
Avaries et réparations.
Batteries flottantes et navires cuirassés.
Navires à vapeur, mixte et en fer.
Navigation par la vapeur.
Machines à vapeur combinées.
Machines à air chaud.
Notices historiques sur les principaux inventeurs.

Cette nouvelle édition forme un très-fort volume in-8 jésus accompagné de 19 grandes planches gravées sur acier. 22 fr.

— **CATÉCHISME DU MARIN ET DU MÉCANICIEN A VAPEUR,** ou traité des machines à vapeur marines, de leur montage, de leur conduite, de la réparation de leurs avaries; 2° édition augmentée de la manœuvre des navires à aubes ou à hélice et d'une grande table alphabétique de tous les articles, avec renvoi aux numéros où ils sont traités. In-8 grand raisin avec de nombreuses figures dans le texte. 16 fr.
Ouvrage publié sous les auspices de S. Exc. M. le Ministre de la marine.

— **TRAITÉ DE L'HÉLICE PROPULSIVE.** 1 vol. in-8 jésus de 580 pages avec 9 grands tableaux et figures dans le texte, suivi d'une table alphabétique de tous les articles avec renvoi aux numéros où ils sont traités, accompagné de 16 grandes planches gravées. 22 fr.
Ouvrage publié sous les auspices de S. Exc. M. le Ministre de la marine.

— **UTILISATION ÉCONOMIQUE DES NAVIRES A VAPEUR,** moyens d'apprécier les services rendus par le combustible suivant la vitesse et la dimension des navires. 1 vol. grand in-8 accompagné de 25 tableaux et 12 grandes planches gravées, exposant les résultats des expériences et du service à la mer des navires. 8 fr.

ALONCLE, ancien élève de l'École polytechnique, capitaine d'artillerie de marine.— **ÉTUDES SUR L'ARTILLERIE RAYÉE DE MARINE, CONDITIONS INDISPENSABLES AU CANON DESTINÉ AU SERVICE DE LA FLOTTE,** l'artillerie rayée en France et en Angleterre. Opinions du commandant Robert Scott, du capitaine Frishbourne et de sir Williams Armstrong sur le meilleur canon pour la marine. Dernières expériences de Shœburyness. Résultats. Conclusion. Suivi de notes et de tableaux comparatifs. In-8 accompagné de 4 grandes planches gravées. 5 fr.

DE FREMINVILLE, ingénieur de la marine, professeur à l'École du génie maritime.— **COURS PRATIQUE DE MACHINES A VAPEUR MARINES,** professé à l'École d'application du génie maritime. 1 très-fort vol. grand in-8, avec figures dans le texte, accompagné d'un atlas renfermant 100 planches. 55 fr.
L'atlas se compose de 90 planches gravées, grand in-folio, représentant l'ensemble des machines et tous leurs détails, avec les cotes exactes à chaque pièce et 8 grands tableaux numériques de comparaison donnant la dimension juste et précise de chaque pièce. Pour chacune d'elles, l'auteur a établi la charge par centimètre carré qu'elle supporte d'un fonctionnement régulier. Ce travail, de la plus grande utilité, n'avait jamais été publié jusqu'à présent.

— **TRAITÉ PRATIQUE DE CONSTRUCTION NAVALE.** 1 fort vol. in-8 accompagné de nombreuses figures dans le texte et d'un atlas grand in-folio renfermant 14 planches gravées. 23 fr.
Première partie. — Tracé des plans de navire et calculs qui s'y rapportent.
Deuxième partie. — Construction en bois.
Troisième partie. — Constructions en fer.
Donnant chacune la description très-détaillée des derniers types et des derniers modèles adoptés dans la construction navale, avec tous leurs accessoires.

DE LA PLANCHE, lieutenant de vaisseau. — **NOUVELLES BASES DE TACTIQUE**

— 4 —

NAVALE DES BATIMENTS A VAPEUR, ouvrage traduit du russe de l'amiral *Boulakoff*,
1 vol. in-8, avec de nombreuses figures dans le texte, et accompagné de 26 planches
gravées, dont une grande partie en couleurs.   15 fr.
Ouvrage publié par les ordres de S. Exc. M. le Ministre de la marine.

MERLIN, maître voilier, chargé de la voilerie à Toulon. — **TRAITÉ PRATIQUE DE
VOILURE**, ou exposé des méthodes simples et faciles pour calculer et couper toutes es-
pèces de voiles. 1 vol. in-8, avec figures dans le texte, et accompagné de nombreux
tableaux de coupes de laizes, de toiles, etc., etc., et de 7 grandes planches gravées. 5 fr.
   Première partie. — Du plan de voilure et de ce qui est relatif aux dimensions des voiles.
   Deuxième partie. — Du tracé et de la coupe des voiles.
   Troisième partie. — Confections, réparations et modifications des voiles.

DELACOUR, ingénieur de la marine et directeur des constructions navales des Messageries impériales. — **ETUDE SUR LES MACHINES A VAPEUR MARINES ET LEURS PER-
FECTIONNEMENTS**, surchauffe de vapeur, grandes détentes, condensation par surface,
haute pression, etc. Brochure in-8 avec figures.   2 fr.

DU TEMPLE, capitaine de frégate, directeur de l'École des mécaniciens, à Brest. —
COURS COMPLET DE MACHINES A VAPEUR MARINES, fait à Brest aux mécaniciens de
la marine. 2 vol. grand in-8 accompagnés de 2 atlas renfermant 36 planches gravées.
   Tome PREMIER, avec un atlas de 13 planches.   7 fr. 50 c.
    Arithmétique complète. — Géométrie. — Mécanique. — Physique. — Scaphandre.
   Tome SECOND, avec un atlas de 23 planches.   13 fr. 50 c.
    Exposition générale des machines à vapeur. — Description. — Montage. — Conduite. — Travail.
    — Entretien et réparations. — Historique. — Tableaux divers.

GARRAUD, capitaine de frégate. — **ÉTUDES SUR LES BOIS DE CONSTRUCTION.** 1 beau
vol. in-18 accompagné de figures dans le texte.   3 fr. 50 c.
   Formation des végétaux. — Vie des arbres. — Terrains. — Coupe. — Dessiccation. — Écorcement. —
Vices des bois. — Qualités des bois. — Monographie des bois durs, résineux, bois blancs et bois fins.
— Cubage des bois en grume, équarris, courbes. — Dendromètre. — Résistance des bois. — Conservation des bois. — Extraction des forêts. — Règles générales de recette des bois de mâture. — Tableau de
l'âge moyen des arbres au moment de la coupe la plus avantageuse. — Tableau de la hauteur des arbres
de leur croissance annuelle et des terrains qui leur conviennent. — Tableau représentant les indices qui
signalent les défectuosités des bois et l'influence des vices sur l'emploi ou le rejet d'une pièce. —
Modèles de marchés avec le ministère de la marine.

BOURGOIS, capitaine de vaisseau. — **RÉFUTATION DU SYSTÈME DES VENTS DE
MAURY.** In-8 accompagné de 3 planches gravées.   4 fr. 50 c.

REECH, directeur de l'École du génie maritime. — **MÉMOIRE SUR LES MACHINES A
VAPEUR** et leur application à la navigation. 1 vol. in-4 accompagné d'un grand atlas
in-folio.   30 fr.
   Faits d'expérience. — Théorie ordinaire. — Des machines à haute pression. — Des explosions et des
dépôts salins ou terreux dans les chaudières. — De l'emploi des roues à aubes. — De la forme des bateaux
à vapeur et de leurs dimensions absolues. — Des perfectionnements généraux à apporter dans le mécanisme.

GUILLOUD, professeur de mathématiques. — **COURS DE COSMOGRAPHIE.** 1 vol. in-8
avec planches.   3 fr.

LETOURNEUR, lieutenant de vaisseau. — **NOUVEAU GOUVERNAIL DE FORTUNE.**
Broch. in-8 accompagnée d'une planche lithographiée.   1 fr. 50 c.

DUBOIS, professeur à l'École navale impériale. — **COURS DE NAVIGATION ET D'HY-
DROGRAPHIE.** 1 très-fort vol. grand in-8 renfermant plus de 200 grandes figures intercalées dans le texte et 9 planches gravées.   15 fr.
   De la boussole. — Des connaissances des temps. — Du cercle à réflexion. — Du sextant et de
l'octant. — Des erreurs d'observations. — Des chronomètres. — Les régler. — Détermination de
l'heure vraie ou moyenne d'un lieu à l'aide d'une hauteur du soleil ou d'un autre astre. —
Détermination de la latitude et de la longitude. — Déterminer la variation du compas. — Des
courants. — Des cartes marines.
   Géodésie. — Détermination des positions géographiques des sommets principaux du canevas
géodésique. — Du nivellement géodésique. — Lever d'une carte marine et d'un plan hydrogra-
phique. — Détails topographiques.

Paris. — Imprimé par E. Thunot et Cie, rue Racine, 26.

NOTE

SUR LES

NAVIRES CUIRASSÉS

Pa is. — Imprimé par E. Thunot et Cᵉ, rue Racine, 26.

NOTE

SUR LES

NAVIRES CUIRASSÉS

PAR

M. E. PÂRIS,

MEMBRE DE L'INSTITUT
(SECTION DE GÉOGRAPHIE ET DE NAVIGATION).

Accompagnée de 2 grandes planches gravées
et d'une lithographie.

PARIS

ARTHUS BERTRAND, ÉDITEUR

LIBRAIRIE MARITIME ET SCIENTIFIQUE
rue Hautefeuille, 21.

NOTE

SUR LES

NAVIRES CUIRASSÉS.

Novembre 1863 (1).

———•o⧓o•———

L'adoption de lourdes cuirasses a tellement changé les conditions du bâtiment de guerre, qu'il est naturel de voir les marins diriger leurs idées vers l'étude des navires auxquels leur existence à la mer va être si intimement liée. Comme ce sont les gens de mer qui emploient les vaisseaux et les conduisent au combat ou dans toutes les parties du globe, ils se trouvent être les appréciateurs naturels de ces grands engins de guerre, comme les officiers des autres corps sont les juges de leurs armes.

Il est donc du devoir des marins d'employer ce qu'ils ont acquis de pratique de la mer et de connaissance des navires qu'ils ont eus si longtemps sous les pieds, pour essayer d'éclairer ces nouvelles questions. De même que chaque rameur fait ses efforts pour hâter la marche, ce concours d'idées pratiques doit amener plus tôt les nouveaux navires à remplir toutes les conditions de la navigation ; car en acquérant l'invulnérabilité, il serait à regretter qu'ils

---

(1) Cette note est la copie de celle autographiée en novembre 1863 ainsi que le plan à l'échelle de $0^m,01$: elle se trouve complétée par les notes que nous ajoutons maintenant (mai 1865).

fussent privés d'une partie des qualités nautiques nécessaires à tout navire de mer et de combat.

C'est donc dans le seul but d'être de quelque utilité à
la marine, que je présente maintenant d'une manière dé-
taillée les idées suggérées par l'aspect des choses, et que
j'avais émises il y a trois ans dans mes rapports, ainsi que
dans des publications postérieures (1). Mais on demandera
peut-être : pourquoi ne l'avoir pas exécuté plus tôt ? C'est
qu'ayant fait partie du jury de l'Exposition de 1862, il a été
utile de rendre compte de ce que le palais de Kensington ren-
fermait de plus curieux pour la marine, et qu'il pouvait en
outre se présenter d'un moment à l'autre des occasions naturelles de prendre part à l'examen de ces questions. C'est
aussi parce qu'au lieu de se borner à de premières appréciations basées seulement sur le souvenir du passé, il fallait avoir le temps d'étudier ce qui avait été fait jadis, pour
en tirer parti et pour l'assortir aux changements radicaux
qu'on vient d'opérer. Enfin, il faut aussi du temps, quand
on fait les dessins et les calculs soi même.

En apparaissant d'une manière aussi soudaine que remarquable, *la Gloire* a dissipé les doutes élevés à l'étran-
ger sur la possibilité de porter une cuirasse avec la rapi-
dité de marche des nouveaux vaisseaux (2). Par une

---

(1) *Annuaire encyclopédique*, 1861 et 1862; *l'Art naval à l'exposition de
1862.*

(2) J'ai toujours été surpris de ce doute; car à peine les batteries flottantes
avaient fait leurs preuves devant Kil-Bouroun, que bien des personnes ont
sans doute fait leur petit calcul, pour savoir si à cette invulnérabilité on ne
pouvait ajouter de la vitesse en n'étant plus limité par le tirant d'eau, et en
remplaçant les poids enlevés par celui d'une cuirasse de fer. Étant dans les
glaces de Kil-Bouroun et ne possédant que le devis du vaisseau *le Fleurus*,
que je venais de quitter, j'avais vu qu'en retranchant le poids de la mâture
(que depuis quelque temps je considérais comme très-dangereuse dans un
combat), celui des ponts supérieurs avec leurs canons et le nombre moindre
d'hommes ainsi que de vivres, il se trouvait que le vaisseau pouvait deve-

initiative aussi intelligente que hardie, M. Dupuy de Lôme a montré sur les mers le navire invulnérable rapide, alors qu'il était encore contesté. Ce premier essai si brillant a montré plus tard quelques inconvénients, très-petits relativement au résultat général, mais cependant assez importants pour attirer l'attention des marins ; car le nouveau vaisseau s'est nécessairement ressenti du déplacement de beaucoup d'objets pesants, puisqu'en couvrant ses côtés de matières très-lourdes, il a fallu enlever une partie de ce qui le chargeait jadis, et abaisser la construction de manière à ne plus dominer autant les collines mobiles qui l'entourent et la soulèvent.

Tant qu'un navire glisse sur une mer unie, ces modifications sont sans influence : l'égalité des poids enlevés d'une part, avec ceux ajoutés de l'autre, suffit entièrement ; et tout se réduit à un calcul d'arithmétique, dont l'exactitude n'est influencée que par celle apportée à recueillir les éléments de l'opération. On a retranché tant de tonneaux de mâts, de cordes, de canons, de ponts supérieurs, d'hommes et de vivres ; on les a remplacés par un nombre égal de tonneaux de plaques de fer. Le nouveau navire a donc conservé sa première assiette, et quoique transformé, il cède aussi bien à l'impulsion de sa puissante machine. Le problème a donc été résolu de la manière la plus complète pour une mer calme.

Mais ce serait ignorer ce qui se passe sur mer que de croire que toutes les conditions se trouvent ainsi remplies lorsque les vagues se mettent en mouvement, et que tout

nir frégate et être blindé avec 10 centimètres de fer à la flottaison et 8 centimètres en dessus, ce qui, avec l'artillerie de cette époque, eût été suffisant. M. Dupin a rendu compte à l'Académie de propositions formulées antérieurement encore par M. Gervaize, ingénieur de la marine à Brest ; mais tout cela n'est pas de l'exécution avec ses difficultés et avec l'examen postérieur de ses résultats.

sort du repos pour être agité violemment ; dès lors la partie émergée en calme est souvent plongée dans l'eau , tandis que celle qui l'était en sort à chaque vague. Leurs formes exercent alors sur l'ensemble une influence au moins égale à celle de l'inertie de toutes les parties lourdes suivant la position qu'elles occupent. Ainsi, on est étonné de voir combien il faut peu de précautions pour les objets placés dans la cale, bien qu'ils décrivent les mêmes angles que ceux situés plus haut. Les hommes se tiennent aussi plus facilement sur le parquet des chauffeurs et ne sont pas forcés de saisir ce qui les entoure, comme sur le pont ou dans la mâture. C'est qu'en s'éloignant du centre de rotation, tout éprouve des translations rapides. Aussi, tandis que de hautes chaudières, posées sur une plate-forme du fond de cale, ne sont maintenues que par un listeau cloué, et que des soutes résistent à la masse du charbon, il faut en s'éloignant couvrir les ancres et les canons de cordes pour les maintenir à leur place ; encore a-t-on vu de ces derniers briser leurs amarres et être jetés par-dessus le bord par la violence des mouvements.

Puisque de tels poids se sont échappés de la sorte, il faut que leur inertie acquière une grande énergie, et si elle a cassé toutes ces cordes, elle a nécessairement réagi sur le navire entier. Quelle doit donc être l'action des poids morts de toutes ces plaques, puisqu'une surface de 4 mètres carrés de cuirasse, pèse autant qu'un des canons projetés ? C'est ce qu'il est impossible de savoir à cause de la nature irrégulière et inappréciable des mouvements de la mer, et par suite de ceux qu'elle imprime aux corps flottants. Toutefois s'il n'y a pas de moyen de calculer ces effets, on en ressent trop la force, parfois effrayante, pour pouvoir en nier l'importance, et l'on est amené à reconnaître que de grands poids changés de place modifient beaucoup les qualités des navires de guerre, comme la disposition et la nature d'un chargement influent sur celles d'un bâtiment du commerce.

C'est surtout sur le roulis, dont l'amplitude est parfois si étendue, que nous voyons que la position des poids et des formes exerce le plus d'influence. Si ce genre d'oscillation est exagéré, il annule l'artillerie et découvre toutes les dix secondes le défaut de la cuirasse, qui est à peine à 2 mètres sous l'eau en calme et en pleine charge. On se figure peu l'étendue de carène découverte chaque fois qu'après avoir soulevé un des côtés du navire, la vague l'abandonne en l'air pour passer de l'autre bord avec une vitesse de translation qu'aucun navire n'a encore pu égaler. Cela vient de ce que la masse du navire ne ressent l'impulsion qu'après qu'elle a été produite par un dénivellement de l'eau, et que d'après cela on peut dire en toute vérité que le navire se trouve toujours en retard par rapport à la lame. Si à la cape on croit souvent qu'à la suite de la vaste surface verte du cuivre on va bientôt distinguer la quille, il ne faut pas que la mer soit grosse pour découvrir des surfaces étendues de carène. Outre ce qui vient d'être dit, rien ne rend le tir plus incertain que ces mouvements angulaires de 15 à 20° avec une mer ordinaire, et qui s'opèrent en cinq secondes. Aussi l'on peut assurer qu'un navire rouleur n'est pas plus sûr de ses coups qu'un soldat ivre ou qu'un cavalier en marche.

Le navire cuirassé éprouve donc alors un double inconvénient, puisque d'un côté il annule en partie la protection de sa lourde cuirasse, et que de l'autre il est réduit à fermer tous ses sabords, sans pouvoir répondre aux coups reçus, ou du moins en dirigeant les siens avec trop d'incertitude pour espérer un bon résultat. Le roulis jouera donc un très-grand rôle en temps de guerre, surtout sur les eaux souvent agitées de l'Océan ; il ne pourra plus être diminué par l'appui des voiles, puisque la chute d'une partie de l'appareil aérien est devenue trop dangereuse pour les

ailes de l'hélice; de plus, la position respective des adver-
saires sera bien différente. L'ancien vaisseau était vulné-
rable depuis le haut des mâts jusqu'au-dessous de l'eau;
ses vastes côtés ne protégeaient nullement les hommes
placés derrière; aussi plus il était exposé à souffrir, plus il
fallait se presser de l'affaiblir. Maintenant, au contraire,
que les boulets rebondiront sur la cuirasse, et que les ca-
nonniers seront à l'abri, le but sera de bien placer ses
coups, et il n'y en aura pas de plus décisifs que ceux
adressés à la carène.

Il y a donc lieu d'être préoccupé de cette question si
importante pour les marins, et de se demander si parmi
les types que nous avons employés depuis que nous navi-
guons, on ne pourrait choisir ce qui convient le mieux aux
navires actuels pour diminuer le défaut dont il vient d'être
question. Beaucoup d'officiers se souviennent sans doute
des anciens vaisseaux et des frégates de M. Sané, réputés
en France, et encore plus en Angleterre, par leurs qualités
à la mer, et qui n'étaient que la modification des types
remarquables adoptés antérieurement sous Louis XVI. Si
ces officiers veulent se reporter vers leur passé, ils se sou-
viendront sans doute de ces qualités nautiques, mais ils ne
pourront éviter de se rappeler que les marins ont demandé
de larges ponts, ce qui entraînait à rendre les murailles
droites, au lieu de leur conserver l'ancienne courbure,
nommée *rentrée* . Ils avaient alors de bonnes raisons à al-
léguer, en ce que de la sorte ils facilitaient leurs manœuvres d'ensemble; ils obtenaient pour les haubans un
angle plus ouvert pour mieux tenir les mâts, et ils espé-
raient de meilleures chances pour l'abordage, alors que
l'imperfection de l'artillerie permettait cette manœuvre
hardie. Mais avec les canons actuels et avec des machines
puissantes, il n'y a plus à songer à l'abordage, puisqu'on
serait écrasé avant de s'approcher, et qu'il faudrait laisser

tomber une ancre de bossoir dans un panneau, afin de résister à quatre mille chevaux. De plus il serait impossible de cacher les mécanismes nécessaires pour lancer ces lourds corbeaux. Quant à la tenue des mâts, il n'en est pas plus question avec trois petits espars que des manœuvres d'ensemble avec trois voiles-goëlettes.

Les raisons alléguées contre la rentrée n'existent donc plus, et par conséquent il n'y a plus lieu d'imiter les constructions inaugurées par *le Suffren*, dont on admirait le vaste pont, mais qui paraît avoir ouvert l'ère des rouleurs. Il n'y a plus également à chercher la solution du problème si séduisant de vaisseaux débarrassés du poids inutile du lest, qui diminue les approvisionnements. Maintenant on a un lest naturel dans la machine et ses chaudières.

Lorsque les vaisseaux sans rentrée parurent, ils furent l'objet de réclamations énergiques de la part d'officiers qui, se basant sur le passé, voulaient que les qualités nautiques continuassent à entrer en ligne de compte avec les facilités de manœuvre. Mais comme les escadres furent presque toujours rassemblées sur les eaux tranquilles de l'Archipel, aucun fait n'appuya leur opinion, et par les mêmes causes l'abandon de la rentrée devint général chez les Anglais, comme en France.

Cependant on avait eu des exemples antérieurs d'un autre genre de modification : ce furent les vaisseaux qu'on eut la malheureuse idée de raser pour en faire des frégates, et qui en élevant au-dessus de l'eau la partie renflée nommée *le fort*, se trouvèrent avoir une saillie au-dessus de la flottaison. J'ai navigué sous les ordres de l'amiral Roussin, à bord de l'ancien *Agamemnon*, rasé pour en faire *l'Amphitrite*. Les roulis étaient si violents qu'en hiver il fallait avoir en place les pataras et même les caliornes de bas mât ; *l'Amphitrite* passait pour le plus mauvais navire de l'escadre de l'amiral Duperré, composée d'anciens vaisseaux et de frégates de quarante-quatre. Il en est probablement de même des trois-ponts rasés, si leur fort n'est pas au même niveau qu'avant d'être modifié (1). Cette discussion entre les navires arrondis ou plats sur les côtés date de plus loin encore, et l'on voit que les anciens marins, notamment M. Bourdé, dans son *Manœuvrier* s'élève violemment contre la résistance des ingénieurs de son temps, qui ne veulent pas céder sur ce point important, et qui sont parvenus, à l'époque où la noblesse occupait toutes les positions élevées, à conserver une rentrée qui aurait paru exagérée à l'époque de M. Sané. On en donnait même aux transports et aux navires à batterie barbette, tels que la célèbre *Diligente*, et cela, lorsqu'au lieu de caronades, on n'employait que des canons gênés dans leur recul par le peu de largeur du pont. Il y avait donc une conviction profonde chez les constructeurs de cette époque remarquable, et elle s'est sans doute évanouie, puisqu'on est venu à l'abandon de la rentrée.

Les avantages que j'ai cru voir dans la rentrée m'ont engagé à examiner les anciens plans et à profiter de l'obligeance d'un camarade d'école, M. Ollivier, capitaine de frégate en retraite, qui possède de nombreux plans faits par celui que divers auteurs nomment le célèbre ingénieur. Parmi les documents de cette époque, se trouve le commencement d'un traité de construction destiné, vers 1740, par Ollivier, à l'instruction de ses enfants, et il y est dit, ainsi que dans d'autres notes, *qu'il ne faut pas se départir de donner le rentrement et ne pas s'arrêter aux représentations des officiers, qui demandent toujours des vaisseaux larges dans les hauts.* L'*Encyclopédie maritime* de Vial de Clairbois se prononce d'une manière aussi précise.

---

(1) Il y a aussi lieu d'observer que le fort des vaisseaux de M. Sané se trouvait déjà plus élevé que celui des constructions antérieures, comme le montre la comparaison des couples moyens (Pl. II).

Ces opinions de l'époque la plus brillante de la marine française, de celle où ses escadres parcouraient toutes les mers au lieu de rester dans la Méditerranée, porte donc à croire qu'on reconnaissait de grandes qualités dans ces formes rentrantes, puisqu'on les conservait malgré la gêne causée par des ponts étroits. Elles s'ajoutent aux souvenirs de ce que nous avons vu dans notre jeunesse, et sont confirmées par les raisonnements basés sur la pratique ; car les anciennes formes se rapprochent plus que toutes les autres de celle des bouées-barriques que nous voyons monter et descendre à la lame sans jamais changer d'angle, tandis qu'à côté le coffre de touage, qui est plat, se montre couvert d'écume et tourmenté par les mouvements des vagues. Cependant le mode d'attache des deux corps flottants est le même ; c'est une chaîne ou un cordage attaché à la partie inférieure et qui représente le lest. Un navire qui aurait la forme d'un solide de révolution, dont l'axe se trouverait à la flottaison, serait celui qui roulerait le moins, si d'autres conditions indispensables ne s'opposaient encore à une pareille construction (1).

___

(1) En Angleterre, M. Winan a entrepris de réaliser, autant que possible, ce genre de construction. Il a commencé un navire de 78ᵐ,08 de long 4ᵐ,88 de large ainsi que de creux; le rapport de ces deux dimensions est comme 1 est à 16; le déplacement est de 500 tonneaux; toutes les sections transversales sont des cercles parfaits, celle dans le sens de la longueur est un arc ayant 313ᵐ,5 de rayon. Comme un tel bâtiment ne serait pas habitable, M. Winan surmonte son *cigar boat*, ainsi qu'il le nomme, par une grande caisse dont la largeur est les 2/3 de celle du bateau et la longueur moins de la moitié de celle du corps principal, en y comprenant des extrémités aiguës destinées à fendre l'eau qui passe par-dessus le bas. L'intérieur est divisé en 18 compartiments étanches. Il y a une hélice à chaque bout, leur diamètre est 6,71 ; elles ne sont qu'à moitié plongées dans l'eau, et leur axe se prolonge en un cône faisant suite au navire sur une longueur de 4ᵐ,88: cette partie tourne avec le propulseur. On dit que M. Winan a fait beaucoup d'expériences pendant ces dernières années sur des bateaux en forme de fuseau et dont toutes les sections sont circulaires. En 1858, il a fait à Baltimore des expériences sur le frottement de l'eau à différentes vitesses et sur des bateaux

Dans le cas où l'immobilité complète, ou pour mieux dire l'immobilité angulaire, serait obtenue et où le navire se bornerait à monter et descendre comme la bouée ronde, il y aurait, dit-on, à craindre les chocs des vagues, qui en déferlant agiraient comme sur une digue. Cependant il y a lieu d'observer que ce n'est pas parce que le navire s'est couché que la mer ne déferle pas contre lui; l'inclinaison change, il est vrai, la forme; mais nous sentirions très-bien les chocs contre la carène, si la lame venait la battre

----

du même déplacement, mais dont les rapports de la longueur à la largeur variaient depuis 4 jusqu'à 32, et il en a conclu l'avantage de ces fuseaux allongés. En 1860 et 1861 de nombreuses expériences ont été faites sur les qualités de ces bateaux avec grosse mer. En 1861, il fit un bateau semblable avec un seul propulseur immergé comme à l'ordinaire. Il faut que ces expériences, quoique faites en petit, aient donné des espérances pour construire maintenant un yacht d'une aussi grande dimension.

Il est à regretter que cet essai soit retardé; car c'est un des plus curieux de l'époque, et il semble bien assorti aux navires cuirassés, en ce qu'avec des proportions de longueur à la largeur beaucoup moins exagérées, il permettrait d'avoir un château central, comme les navires de M. Reed, et probablement de ne pas être forcé de tout recouvrir de plaques, et cela en se servant de compartiments étanches pleins de liége, comme quelques personnes l'ont pensé et comme un de nos amiraux l'a proposé après une étude approfondie.

Toutefois il y a lieu d'avoir encore quelques doutes; car un tel navire n'aura aucune stabilité de forme; le château supérieur exigera peut-être du lest ou de grandes précautions lorsque le charbon sera brûlé, et s'il vient à rouler, il y aura lieu de craindre l'accord de son roulis naturel avec les impulsions des vagues ; car puisqu'on en est encore à des expériences en petit, on peut bien mentionner celle de M. Froude, dont il sera question plus tard, et qui tendraient à faire craindre qu'un corps cylindrique ne vînt à chavirer en ayant des impulsions de vagues à des intervalles égaux à ceux de ses oscillations naturelles.

De plus, il y a dans cette construction une différence énorme entre le volume extérieur et celui de la carène relativement à celle du même genre sur les navires ordinaires ; or c'est ce volume qui fait monter sur les vagues au lieu d'en être couvert, et si le château central n'est pas très-élevé, il est à craindre qu'il ne soit envahi par la mer. De très-grandes dimensions diminueraient naturellement cet inconvénient et permettraient d'acquérir de la vitesse en conservant une position moyenne par rapport aux vagues et par conséquent en passant à travers de leur crête.

comme une digue. Nous sommes préservés de ce genre d'action, parce qu'en mer la lame qui déferle est précédée par la grande houle générale, qui soulève toujours avant l'arrivée de la volute d'écume. C'est ce qui fait notre sécurité; nous sommes élevés à temps; le mouvement est imprimé au navire avant l'arrivée de la lame choquante. Le contraire est la cause du danger des barres à l'entrée des rivières et sur les plages, en ce qu'alors les grandes vagues déferlantes arrivent de prime abord et passent par-dessus le canot encore immobile sur la surface plate qui sépare deux rouleaux de vagues. Cette différence entre la mer des plages et celle du large explique pourquoi nous ne recevons presque jamais de ces chocs nommés *coups de mer*. Mais que le navire soit encore presque droit ou qu'il ait été couché sur le flanc, l'aspect de ce qui se passe en mer porte à croire qu'il sera encore plus préservé des coups de mer, lorsqu'un roulis étendu ne le tourmentera pas; de plus, il pourrait tirer du canon avec une mer modérée. Comme on ne peut espérer une rectitude complète sans des tirants d'eau relatifs qui sont impraticables, on cédera toujours bien assez aux vagues, pour ne pas craindre de devenir une sorte de rocher flottant.

On roule plus en Angleterre, comme en France, qu'il y a une trentaine d'années; c'est une opinion générale, mais on fatigue moins que les navires du capitaine Symonds. Aussi en comparant les formes, on voit que celles usitées maintenant présentent un intermédiaire entre les constructions de M. Sané et celles de l'ancien Surveyor de la marine anglaise (1). Lorsqu'on a fait des navires plus longs, l'influence du milieu s'est accrue et l'on a roulé encore plus, comme on l'a remarqué sur beaucoup de paquebots, sur les nouveaux transports et sur les clippers. Ces derniers

____

(1) Voir les notes suivantes.

ont cependant adopté des couples rectangulaires depuis le haut jusqu'en bas. Tels sont le *Vanderbilt*, le *Great Republic* et beaucoup de clippers. D'après le peu que j'ai pu apprendre, on avoue qu'ils roulent beaucoup : il est vrai qu'ils tirent peu d'eau relativement à leur largeur.

Il faut que cette question importante ait été bien peu éclairée par la théorie, puisqu'à notre époque de science pratique, on fait des navires qui, d'un accord général, roulent plus que les anciens, et qui portent même à croire qu'on ne s'entend pas bien sur la valeur des termes employés. La stabilité, par exemple, est la force que possède le navire pour se tenir droit et résister aux inclinaisons; cette force dépend autant des formes que de la position du centre de gravité et de la quantité dont le navire enfonce dans l'eau. Tout cela produit de la stabilité sur une mer unie, et c'est ce qui se montre dans toute sa vérité lorsque le navire chargé par une brise fraîche se trouve sous le vent d'une côte dont le voisinage maintient la mer très-unie.

Mais dès qu'au delà d'un cap les vagues se mettent en mouvement, tout est modifié, et d'autres causes se trouvent en jeu. Ainsi les poids qui resteraient au repos si rien ne les dérangeait, continuent nécessairement leur mouvement, une fois acquis, jusqu'à ce qu'une cause contraire l'ait arrêté ou changé. Considérés seulement comme poids, ils seraient insensibles au mouvement des vagues, car celles-ci n'ont réellement d'action que sur la forme extérieure, qui occupe une partie de leur volume mobile. Il y a donc deux causes différentes, mais qui réagissent l'une sur l'autre : la pesanteur qui tiendrait le navire droit, comme la bouée ronde, si rien ne le détournait, et la forme qui seule donne prise aux vagues, et par laquelle les changements de déplacement d'un côté ou de l'autre élèvent ou abaissent les poids suivant le cas, et produisent ainsi la force motrice qui tourmente le navire. Il y a une suite de poussées de bas en haut par l'immersion, et de chutes par l'abandon de la mer, qui ne dépendent évidemment que de la forme extérieure. Cette stabilité, qui coopère tant à faire résister à l'effort des voiles sur une mer calme, et qui est recherchée parce qu'elle ne coûte pas de lest, devient une cause de mouvement, on devrait dire de tourment, dès qu'il y a des vagues. C'est être stable que d'être remué ainsi, en ayant le navire trop lié aux vagues ; c'est être dans la position d'un homme serré par des liens sur un cheval, ou sur une charrette roulant sur un gros pavé.

C'est donc le poids qui résiste d'abord au mouvement, et la forme seule qui le produit et met en jeu l'inertie du premier. De cette dernière cause il résulte qu'on a été porté à comparer le roulis à celui d'un pendule, ce qui ne serait vrai que pour le cas où un navire, flottant sur une eau calme, aurait une ancre pendue au bout d'une vergue ; la corde casse, le navire se redresse et roule alors comme un pendule ; le frottement de la surface mouillée arrête peu à peu, sans modifier la durée du mouvement. Mais le navire à la mer n'est plus dans le cas du pendule ; il est porté par les vagues, ce sont leurs dénivellements qui l'ont fait rouler et le feront rouler encore ; c'est en elles que réside la force motrice, et elles commandent le mouvement. Ce n'est plus la balançoire abandonnée après une première impulsion, c'est celle que des bras vigoureux poussent aux deux bouts de sa course, et forcent en partie à suivre leur impulsion, au lieu de celle de la pesanteur seule. Si la balançoire bat naturellement cinq secondes, on l'amènera à n'en battre que quatre, même trois, en la forçant à retourner très-vite sur ses pas avant d'avoir fini sa course naturelle : il y aura un rappel violent. Si l'impulsion se fait toutes les cinq secondes, ce rappel n'aura plus lieu ; la force du retour naturel s'ajoutant à celle de l'impulsion, les oscillations seront douces, mais plus étendues. Enfin, si la poussée a lieu après le retour, au bout de six secondes, par exemple, elle s'ajoutera aussi au mouvement, mais avec la différence des vitesses, et par conséquent avec une énergie d'autant moindre qu'il y a plus de retard. Ce que produit une force horizontale dans l'exemple cité se retrouve sur mer par des effets verticaux d'immersion et d'émersion; ce sont 400 mètres cubes immergés accidentellement qui poussent de bas en haut, et 400 autres émergés qui, abandonnés en l'air, tombent pour aider à renverser le mouvement du navire, et il en résulte les mêmes combinaisons entre ce dernier et les vagues, que dans les impulsions de la balançoire. Il y a cependant lieu de remarquer une différence, c'est que dans l'exemple cité on a presque l'impulsion d'un solide sur un solide, à laquelle il faut céder aussitôt; tandis que sur mer, ce sont des élévations ou des abaissements de niveau qui n'agissent qu'après avoir eu lieu; cela produit dans les mouvements une sorte d'élasticité, qui se retrouverait si l'on poussait la balançoire avec de longs ressorts, dont la compression, pour résister au mouvement et pour le produire ensuite, ferait apprécier ce dont l'eau monte le long d'un bord avant d'être parvenue à produire le roulis inverse de l'autre (1).

D'après ce qui précède et ce qu'on voit en mer, les roulis ont ordinairement pour durées celles du passage des vagues, et non celles des oscillations d'un pendule. On peut compter les roulis sur des navires de toutes les dimensions; ils auront des amplitudes et des rappels très-différents, mais tous la même durée d'environ cinq secondes. Il est heureux qu'il en soit ainsi; car que nous arriverait-il si

---

(1) Donc, si le poids est considérable et les ressorts faibles, ils seront écrasés à chaque coup; de même, si le navire est très-lourd et trop bas pour que l'eau résiste assez et produise le mouvement inverse, elle passera par-dessus le bord avant d'avoir fini de résister au mouvement acquis et d'en avoir produit un inverse; si la masse commande, la mer passe par-dessus.

les roulis duraient six secondes? Nous roulerions à contre à la troisième oscillation ; le côté du vent serait au plus bas, quand la vague serait au plus haut, ce serait bien pis que d'être toujours droit comme un rocher flottant. Si les petits navires paraissent quelquefois rouler plus vite que les grands, quoique la mer soit la même pour tous, c'est surtout parce qu'ils cèdent plus aux petites vagues qui sont intermédiaires et auxquelles le vaisseau est insensible. Mais si l'on a jamais été en calme avec de la houle, alors que l'ondulation, réduite à sa plus grande simplicité, ne complique pas ses effets par de petits mouvements désordonnés, on aura certainement remarqué qu'un vaisseau, un chasse-marée ou un canot, recevront tous leur mouvement à chaque passage de houle, et suivront régulièrement ces impulsions périodiques.

Quant à l'accord ou au désaccord entre les mouvements naturels de l'oscillation et ceux des vagues, il est probable que l'éloignement des poids produit une amplitude moindre et par suite le rapprochement en occasionne une plus grande, comme semble le prouver l'excès de roulis des navires démâtés, c'est-à-dire privés du long balancier que représentent les poids des mâts, des vergues et du gréement. Les nouveaux navires sont pour ainsi dire démâtés par leur nature, de plus ils ont concentré les poids, car les batteries supérieures, leurs ponts, la dunette et les murailles qui les portent, se trouvaient beaucoup plus éloignés du centre de rotation que ne le sont les mêmes poids transformés en plaques. Le pendule moyen est donc beaucoup moins long, si l'on peut s'exprimer ainsi pour rendre l'idée de l'effort moyen dû à l'inertie des masses en mouvement à des distances si différentes du centre. Est-ce de manière à battre cinq secondes et à concorder avec les vagues pour augmenter le roulis par l'accord des poussées et des oscillations? C'est ce qu'on ne sait pas encore. *S'il y avait des règles sur le roulis, il serait impardonnable de ne les avoir pas appli-*

quées. Si ce mouvement pouvait être réellement calculé, il serait bien mal de secouer autant les passagers et les marins. Il est plus probable qu'on en est réduit à des raisonnements, et si celui qui précède n'a pas l'apparence d'exactitude de ceux qui sont revêtus d'une forme algébrique, il n'est pas plus inexact, puisque aucune base certaine et susceptible d'être réduite en chiffres ne vient servir d'appui aux diverses manières de traiter la question; qu'on se serve de lettres ou de mots on ne s'appuie que sur des hypothèses (1).

---

(1) La question du roulis des navires préoccupe les savants et les constructeurs en Angleterre ; MM. Macquorn Rankine, Canon Moseley, Froude, Scott Russel et Joseph Woolley ont cherché à en discuter les principes, et la publication annuelle de l'*Institution of naval architects* contient des articles très-intéressants à ce sujet ; mais malheureusement ils sont loin de décider les questions, tant ils les considèrent sous des points de vue différents. Aucune expérience directe ne vient présenter de bases, M. Froude seul en cite une exécutée en petit et qui montre la liaison qui existe entre les mouvements dans le genre du pendule et ceux dus aux impulsions successives des vagues. Il s'est servi d'une sphère immergée aux deux tiers du rayon, d'un ellipsoïde immergée à peu près dans la même proportion de son grand axe, et d'un solide en forme d'orange entièrement plongé et n'ayant qu'une tige comme un pèse-sel. Avec un lest à coulisse, ces corps furent amenés à battre les mêmes oscillations en eau tranquille, lorsqu'on les avait détournés de leur position d'équilibre. Ils furent placés dans un bassin, où des vagues artificielles étaient produites par un battant de porte ayant son axe horizontal et mis en mouvement au moyen d'une bielle avec une manivelle, tournée par un homme, qui avait les yeux sur une pendule à secondes, afin d'agiter l'eau avec uniformité. Lorsque les vagues et les corps flottants synchronisaient, ceux-ci chaviraient après le passage de quelques vagues. Lorsque le lest de l'un d'eux était dérangé de manière à changer un peu sa période d'oscillation, il résistait aux vagues, tandis que les autres chaviraient, et en retardant ou accélérant les vagues il éprouvait le même sort dès qu'il y avait accord. Il semble y avoir là des conditions dangereuses pour les navires ; mais elles cessent de l'être à cause de l'irrégularité des vagues qui s'oppose à la coïncidence nécessaire pour produire l'effet des expériences de M. Froude.

C'est sans doute pour changer la durée de l'oscillation naturelle, que depuis peu l'on exhausse beaucoup d'objets lourds et qu'ayant de la stabilité de forme en excès on diminue celle de poids : pour les objets consommables, tels que le charbon ou les vivres, l'effet désiré n'aura qu'une courte durée ; les plaques, les machines et les canons n'ayant pas changé de place. Jusqu'à ce qu'une vraie

Puisqu'on en sait si peu, le plus sage paraît être de chercher à éviter tout ce qui, en remuant le navire, met en jeu l'inertie de ses parties pesantes, et c'est en se rapprochant des formes arrondies qu'il est le plus à espérer d'y parvenir. Cela se présente à peu près dans les anciennes constructions dont l'extérieur ressemble tellement aux œuvres vives, qu'en pliant un calque à la ligne de flottaison et appliquant les deux parties opposées, les couples se confondent presque jusqu'aux allonges de la seconde batterie. Sur des navires plus longs, la rentrée est encore plus prononcée, comme si les constructeurs de cette époque avaient voulu compenser par la rentrée l'excès de stabilité de forme provenant d'une longueur relative plus grande que de coutume. Ainsi, tandis que la flûte *le Chameau*, citée pour sa marche, a une rentrée de 29 p. 100 de la largeur de la flottaison, *le Royal-Louis* n'a que 22 p. 100 à la même hauteur relative, c'est-à-dire au niveau du milieu des sabords de seconde batterie. L'élévation des porte-haubans empêchait

---

navigation ait prononcé, le souvenir du passé, ainsi que l'aspect du présent, portent encore à douter des espérances de l'avenir à ce sujet.

Ce qui vient d'être dit montre qu'il est à regretter de ne pas connaître pour des navires différents et avec des dispositions de poids variées, un élément qui, facile à mesurer, permettrait sans doute de déduire quelques principes utiles. Ce serait l'oscillation en eau calme; c'est-à-dire le véritable effet du pendule, pour le comparer ensuite au passage des vagues et aux roulis observés. Cela vaudrait certainement la peine d'installer une grosse vergue en bataille, d'y pendre une ancre ou de vieux canons et de couper la corde pour compter la durée des oscillations et le décroissement de leur amplitude. Il serait curieux de faire l'observation avec les mâts hauts, sans mâts, sans canons et aussi dans des circonstances aussi variées d'arrimage que celles d'un navire à vapeur brûlant son charbon, vidant ses chaudières et mangeant ses vivres. Cela vaudrait mieux que de faire passer des hommes d'un bord à l'autre, parce qu'on ne sait si leur mouvement s'accorde avec la réalité, c'est-à-dire avec le passage des vagues. Je regrette ne l'avoir pas fait à bord du *Fleurus*, qui était un gros rouleur. Il faudrait qu'un pareil élément fût connu ainsi que plusieurs autres tenus cachés, afin de profiter des circonstances si variées de la navigation pour établir quelques faits utiles.

sans doute de trop rétrécir les vaisseaux par le haut, afin de pouvoir tenir les mâts.

J'ai cherché à montrer les différences des deux sortes de navires qui nous occupent par les figures 7 et 8 qui ne sont que la répétition de ce que j'avais fait pour me rendre compte des roulis exagérés du *Fleurus*, ancien vaisseau de 100 à murailles droites, que je commandais. Ainsi prenant un navire actuel sans rentrée, on a tracé les deux côtés de sa flottaison en ligne pleine, lorsqu'il est droit, en ponctué sous un angle de 15° avec la mer et en petites lignes brisées pour un angle de 30°. La même opération a été faite avec le tracé d'un navire à rentrée, et, en comparant les deux figures, on voit combien celui sans rentrée s'enfle pour ainsi dire du côté immergé, que ce soit au vent ou sous le vent, tandis que ses fonds arrondis ne changent pas le côté émergé. Or la saillie de la flottaison exprime un renflement du volume situé en dessous, lequel, en déplaçant de l'eau, montre quelle est la force de bas en haut qui agit pour contraindre le navire à se mouvoir dans un sens ou dans l'autre (1).

---

(1) D'après ce qui a été dit par les officiers qui ont navigué sur *le Caffarelli*, ce navire se comporterait très-bien à la mer et aurait des roulis notamment moindres que les autres. Or qu'est-ce que *le Caffarelli?* c'est un navire qui, dans le principe, était étroit et à côtés verticaux, auquel une machine beaucoup trop lourde dans ses parties élevées a fait perdre de la stabilité de poids, alors que la forme n'en donnait pas trop : il en a été de même du *Colbert* et de plusieurs autres. Pour *le Caffarelli*, au lieu de lui mettre du lest inutile ou au lieu d'abaisser la machine en allongeant ses bâtis et ses bielles, on a augmenté la stabilité de forme, comme au trois-ponts *le Valmy*, et l'on a établi un soufflage creux, s'étendant de l'avant à l'arrière sur une saillie maximum d'environ 0^m,40, qui se raccordait par une courbe douce avec la carène, tandis qu'elle se repliait d'une manière abrupte vers le haut. Il en résulte que *le Caffarelli* actuel est un navire à rentrée subite, au lieu de ressembler à ceux qui produisent cette forme par une courbe gracieuse. Il a un bourrelet léger qui, au-dessus de la flottaison, cesse tout à coup et rentre brusquement pour être surmonté par son ancienne muraille verti-

Ce volume, qui est un vrai soutien, une cause de stabilité sur une mer calme, devient celle de mouvements violents, en forçant trop énergiquement à suivre ceux de la mer. Au contraire, on voit par les mêmes lignes tracées sur l'autre figure, qu'en s'inclinant dans l'eau le côté immergé diminue de volume, qu'il rentre au lieu de ressortir comme l'autre, que par conséquent, s'il fait manquer de soutien à la partie immergée il ne produit pas non plus de force et laisse la pesanteur plus libre de tenir le navire droit. Celle-ci joue alors le plus grand rôle suivant la position du centre de gravité, ce qui explique pourquoi les anciens vaisseaux avaient tant de lest, quoiqu'on leur reprochât de donner trop de bande pour le service des canons ou pour porter la toile ; inconvénient que la suppression des voiles a fait disparaître en augmentant celui du mouvement, c'est-à-dire en donnant à la rentrée des qualités au lieu des défauts qu'on lui reprochait jadis. En traduisant les figures précitées en chiffres, on voit que pour le navire sans rentrée le côté immergé a une surface de 6o mètres carrés à 15° d'inclinaison relative et 59 mètres carrés à 3o° de plus que le côté émergé, tandis que pour le navire à rentrée c'est l'inverse, et il y a de 42 à 43 mètres carrés de plus de surface de flottaison du côté émergé qu'à l'opposé. Il en résulte qu'avec la rentrée le métacentre tend plutôt à descendre qu'à monter quand l'angle avec la mer devient plus grand, tandis que le métacentre du second genre de navire s'élève beaucoup dans le même cas. La stabilité de forme décroît donc dans le premier, ce qui était un défaut avec les voiles, tandis qu'elle augmente dans le second. Cela doit agir d'autant plus que les ordonnées moyennes de la flottaison qui

______

cale. S'il y a dans cette disposition une diminution de roulis aussi marquée qu'on le dit, il est très à regretter qu'on ne l'ait pas étudiée à fond pour en faire profiter les navires blindés, tant elle leur serait bien assortie.

sont en rapport des bras de levier de chaque bord diminuent et sont pour la rentrée 6^m,99 du côté émergé et 6^m,5o à l'opposé pour 15° d'angle; avec 3o° c'est 6^m,39 et 6^m,47 ; au lieu que sans rentrée c'est 6^m,45 du côté émergé et 7^m,21 à l'opposé. Comme la partie des lames qui porte les navires est loin d'être plane et surtout comme on ne sait rien du mouvement des vagues, ces chiffres ne sont que des moyens de chercher une appréciation de ce qui se passe et ils n'ont aucune valeur précise.

A tout ce qui précède il faut ajouter que s'il fallait jadis une stabilité capable d'éviter le danger des méprises et de faire démâter plutôt que de chavirer, cela n'est plus à craindre avec trois goëlettes et un hunier portés par des sortes de mâts de fortune. Les vastes ponts sont également inutiles, ils sont déserts en branle-bas, et l'on ne s'y rassemble plus que pour la promenade ou l'inspection. Qu'est-ce que carguer quatre voiles toutes à la fois, seule manœuvre d'ensemble qui reste à faire? On peut donc dire que la stabilité de forme fût-elle presque nulle, celle de poids la remplacerait d'une manière suffisante par la machine, les arbres et les chaudières, même quand le charbon serait brûlé et que les trois mois de vivres seraient consommés. Ces poids sont des fractions moindres du déplacement que sur les navires ordinaires; le charbon, par exemple, n'est que le dixième sur le navire cuirassé, tandis qu'il est le sixième du déplacement sur quelques paquebots.

Enfin, il est à observer que si dans l'ancien vaisseau la plupart des poids avaient des places déterminées, il restait cependant quelques objets pesants dont la position variable permettait d'influer sur les qualités. Maintenant tout ce qu'on porte a sa place plus marquée que jamais. Il en résulte que puisqu'il y a si peu de latitude du côté des poids, il faut nécessairement se rejeter vers les formes. Si l'on ne déplace que le charbon, c'est comme si l'on n'avait rien fait dès qu'il est brûlé; il en est de même des vivres qui ne sont guère qu'un dixième de ce qu'ils étaient en se rapportant aux déplacements des anciens vaisseaux et des nouveaux.

Si je me suis autant étendu sur les appréciations du roulis, c'est uniquement pour montrer les raisons qui m'ont porté à faire choix de l'un des anciens types de construction afin de l'assortir aux conditions actuelles. Après avoir calqué un grand nombre de plans pour les comparer et arriver à une appréciation, je me suis arrêté à celui du *Royal-Louis* construit à Toulon par M. Coulomb, d'après les plans du vaisseau du même nom, brûlé en 1742 sur les chantiers de Brest et exécuté par M. B. J. Ollivier, ingénieur en chef. Le plan que possède mon ancien camarade Ollivier fut relevé par ordre du comte d'Estaing dans une des formes de Pontaniou à Brest. Les modèles du même vaisseau existent encore à Paris ou dans les ports, et ils continuent jusqu'à nous la célébrité de cette construction. En outre la finesse de formes de cette époque s'assortit mieux avec ce qu'exige l'hélice que celle de navires plus récents. Ainsi, tandis que les 80 de M. Sané ont 133° entre les deux tangentes à l'avant, son *Océan* 138° et 140° son *Friedland*, *le Royal-Louis* n'a que 116°, *le Royal-Dauphin* 110° et *le Chameau* 96°. Le *Persia* et d'autres paquebots ont 25° pour les deux bords; il est vrai que leur longueur est égale à huit fois le bau; de plus les formes du *Royal-Louis* se retrouvent dans d'autres navires de l'époque qui ont été cités pour leurs bonnes qualités (1).

En adoptant le type du *Royal-Louis*, il fallait surtout conserver ses couples, puisque c'est leur forme qui influe le plus sur le roulis. C'est ce qui en a fait observer soigneusement la forme sur plus des deux tiers de la longueur dans le plan

---

(1) Si l'on se rapporte à la ligne d'eau moyenne, qui donne une idée moins inexacte de la finesse des lignes que celle de la flottaison, on trouve un angle de 78° pour les deux bords au sujet du *Royal-Louis*, 108° pour le trois-ponts de Sané, 52° pour *le Chameau*, et 34° pour le navire proposé.

ci-joint, dont le seul but est d'exprimer mes idées. On y re-
marquera un aplatissement des varangues qui paraît exagéré maintenant, mais qui a été très-longtemps usité et
ressemble à des fonds américains. La maîtresse varangue
n'a que $0^m,26$ d'acculement sur $8^m,28$ de long. De plus on
a conservé l'angle entre les varangues et les allonges qu'on
trouve dans toutes les anciennes constructions à l'endroit
où est la pièce qu'on nomme encore *le genou*, angle qui ne
commence à disparaître que dans celles de M. Sané (1).

---

(1) Voici du reste le relevé du maître couple copié en chiffres à Brest pour
le *Royal-Louis* et déduit d'un tracé conforme aux chiffres pour *le Chameau*.
Ces nombres suppléeront à l'imperfection de mon dessin.

MAÎTRES GABARITS SUR MEMBRE

du *Royal-Louis*		du *Chameau.*	
à $0^m,013$ au-dessus de la quille	$1^m,949$	à $0^m,50$ à partir du haut de la râblure.	$3^m,38$
0 ,212.	4 ,154	1	3 ,85
1 ,028.	5 ,913	1 ,50.	4 ,10
2 ,057.	6 ,753	2	4 ,40
2 ,785.	7 ,335	2 ,50.	4 ,60
4 ,113.	7 ,958	3	4 ,80
5 ,142.	8 ,283	3 ,50.	4 ,88
5 ,871.	8 ,296	4	4 ,95
7 ,145.	8 ,302	4 ,50.	4 ,90
8 ,282.	8 ,121	5	4 ,60
9 ,356.	7 ,673	5 ,50.	4 ,20
10 ,894.	6 ,970	6	3 ,80
11 ,450.	6 ,087	6 ,50.	3 ,57
12 ,505.	5 ,994	7	4 ,40
13 ,561.	3 ,764		
14 ,617.	5 ,079		

Réduits à la même échelle, les deux couples se confondent sous l'eau ;
mais la rentrée du *Chameau* est plus brusque et beaucoup plus prononcée que
celle du *Royal-Louis*. L'aspect du couple moyen tracé sur la figure 9 montre
encore mieux que la pensée du constructeur a été d'augmenter la rentrée
en accroissant la longueur relative, et ce n'est que parce que cette flûte a été
presque inconnue que je n'ai pas osé la prendre pour type de transformation
au lieu du *Royal-Louis* ; mais j'ai la conviction que sa rentrée, qui paraît si
exagérée maintenant, conviendrait très-bien aux conditions du navire blindé.
L'arrière seul serait à modifier, puisque la proportion de la largeur à la longueur est celle adoptée maintenant et que l'avant est presque aussi fin que

Cependant comme le but actuel est de porter une cuirasse et une machine avec son combustible, les anciennes dimensions convenaient encore moins à un navire blindé qu'à un vaisseau à vapeur, puisqu'elles ne donnaient que 4,750 tonneaux de déplacement, et les formes n'étaient pas assorties à l'action de l'hélice.

Il a donc fallu amplifier et allonger sans déformer, en imitant du reste ce qu'Ollivier avait fait avec succès en construisant *le Chameau* qui avait 140 pieds de longueur sur 30 de largeur, c'est-à-dire la proportion de 1 à 4,66 en 1767, époque où l'on faisait les navires très-courts. Ce rapport s'éloigne peu de celui de *la Gloire* qui est 1 : 4,63 ou du plan proposé qui est 1 : 4,74. Pour opérer on a donc espacé les sections transversales de 5 mètres au lieu de 11ᵖ,6ᵖ (3ᵐ,59 du modèle) afin de porter à 84 mètres la longueur du nouveau navire (celle du *Royal-Louis* était de 190 pieds ou 58ᵐ,72) et d'obtenir le tonnage et l'affinement de lignes nécessaires aux conditions actuelles. Ces lignes sont concaves dans les fonds et renflées dans les hauts suivant les anciens usages et les partisans de ce qu'on a nommé les *wave lines ;* mais il est probable qu'il vaut mieux se rapprocher de la ligne droite que d'en avoir de rentrées en bas et renflées en haut. Il y a déjà longtemps que les meilleurs constructeurs anglais agissent ainsi. Les couples du *Royal-Louis* n'ont été modifiés qu'aux extrémités où il fallait renoncer à la largeur des anciens vaisseaux, et ces changements ne portent guère que sur les parties rétrécies qui ont moins d'influence sur le roulis et qui sous ce rapport mettent dans de meilleures conditions que les anciennes. C'est de la sorte que les lignes d'eau de l'avant ont été amenées à ne faire qu'un angle de 60° pour les deux bords, de-

---

celui des frégates cuirassées actuelles. Il y a lieu d'observer que la préceinte a 0ᵐ,243 à la flottaison et diminue graduellement jusqu'à 0ᵐ,14.

puis la flottaison jusqu'en haut, comme si les côtés de l'ancienne poulaine avaient été abaissés pour se raccorder avec la carène (1).

Quant à l'arrière, il n'y avait rien de mieux à faire que d'imiter l'heureuse idée de M. Dupuy de Lôme en le rendant pointu, tant pour économiser le poids de cuirasse que pour éviter la difficulté de gauchir les plaques. Cette forme est aussi une cause de diminution de tangage, en ce que le gros arrière des vaisseaux butte sur les lames et en s'élevant ensuite fait plonger l'avant, comme on le voit en marchant vent debout. L'arrière n'a été élargi, relativement à l'autre extrémité, que pour donner un angle suffisant à la barre du gouvernail (35°).

La rentrée du *Royal-Louis* a été conservée sur une plus grande longueur proportionnelle que sur l'ancien modèle, et loin de la redresser, il vaudrait mieux, je crois, l'accroître jusqu'à un rétrécissement de 29 p. 100 du bau au lieu de 22, s'il n'y avait à craindre de trop choquer l'œil une première fois et de diminuer le volume des œuvres mortes pour être suffisamment soulevé par les vagues qui arrivent de l'avant. Telle qu'elle est, la rentrée ne tend pas autant à changer la position du métacentre avec de grandes inclinaisons, tandis que nous avons vu que d'après la figure du vaisseau sans rentrée, ce point s'élève d'autant plus que le navire est inégalement immergé (2).

---

(1) Ainsi que je le proposais en 1854 pour *le Fleurus*, afin de faciliter sa marche et de diminuer son tangage.

(2) Comme il nous est impossible de comparer des objets compliqués et d'en apprécier les analogies ou les différences, nous sommes presque toujours forcés d'adopter des moyennes, comme pour se faire une idée des chances de la vie ou de celles de la navigation, afin de calculer les assurances. Il en est de même lorsqu'il s'agit de divers effets mécaniques ou même de la stabilité des navires. J'ai donc cherché à me rendre compte des formes générales en traçant des lignes d'eau moyennes pour estimer leur degré de finesse, ou en dessinant leur couple moyen comme sur la figure 9. C'est à bien dire la moyenne

La nécessité d'avoir plus de tonnage, sans augmenter la longueur de la cuirasse, a aussi conduit à augmenter le bau, qui de 16^m,55, a été porté à 17^m,70, et le tirant d'eau

---

des ordonnées ou la forme moyenne considérée pour les mouvements latéraux : c'est celle que le bâtiment aurait si cette surface engendrait un solide uniforme en glissant sur toute la longueur de la quille. Elle exprimerait bien la surface exposée à l'action des vagues, si celles-ci étaient plus longues dans le sens de leur crête, au lieu de former des collines alternées et placées en échiquier. Elle mesurerait les différences d'immersion qui détournent le navire de sa position. C'est ce qui m'a engagé à placer plusieurs couples moyens l'un sur l'autre en prenant le maître bau *ab* de chaque navire pour unité égale, et afin de montrer d'autres exemples, j'ai transcrit divers maîtres couples copiés en 1838 à Calcutta, d'après le dessin prêté par M. W. Seppings, frère du célèbre constructeur anglais du même nom.

En examinant ces lignes, il est impossible de penser que les navires qu'elles expriment puissent avoir les mêmes qualités à la mer ; que ceux dont la saillie sous le vent augmente d'un quart du bau, quand la mer les dénivelle beaucoup, n'aient pas un excès de stabilité de forme et par suite une cause de rappel trop forte, relativement à ceux dont le bau immergé reste invariable ou même diminue sous le vent. Il me semble inadmissible que les différences de volume immergé d'un bord à l'autre ne soient pas des forces énergiques qui entraînent les poids des navires et mettent leur inertie en jeu, au point d'augmenter le roulis suivant les leviers de ces poids et les liaisons de leurs mouvements avec ceux des vagues, c'est-à-dire entre celles-ci et le pendule naturel. Si l'on se borne à changer les poids de place, on ne modifie que ce dernier effet : on aura un pendule plus long ou plus court, oscillant plus doucement ou plus vite. Peut-être alors profitera-t-on avec certaines grandeurs de mer de cette liaison plus ou moins favorable. Mais sait-on ce que produira le changement du bras du levier de ces poids? Déplacer des poids se borne sans doute à modifier les effets des impulsions produites : c'est certes un avantage si on le fait dans le sens favorable ; mais de la sorte on ne touche pas à la cause de ces impulsions, qui est la forme extérieure. Laissez les poids tranquilles, ils ne bougeront pas ; mais poussez-les, ils feront sentir la force énorme qui réside en eux dès qu'il y a mouvement. C'est répéter souvent la même chose, et c'est le résultat naturel de la conviction. Quand on a été à la cape avec d'autres navires, l'aspect de ces grands mouvements si souvent répétés amène à être convaincu de cet effet des vagues, et comme on n'a pu réunir encore des chiffres pour calculer aucun de ces mouvements, il est bien permis de s'en rapporter à l'impression des yeux et aux sensations des translations éprouvées suivant les points du navire où on se trouve.

Pour en revenir aux figures dont il a été question, il est facile de remar-

moyen de 7ᵐ,79 à 8 mètres, devant comme derrière; il en est résulté une surface de maître couple de 117 mètres carrés, et un déplacement de 7,244 mètres cubes, donnant un poids total de 7,431ᵀ. Il fallait s'élever à de telles proportions pour porter des plaques plus lourdes, puisque les perfectionnements de l'artillerie font adopter 15 et 12 centimètres d'épaisseur au lieu de 12 et 10 des premiers navires cuirassés. Il faut aussi des machines plus puissantes et ne pas perdre les 2ᵐ,40 de hauteur en pleine charge adoptés pour les seuillets de sabord. Les conditions de stabilité ont peu changé, puisqu'on a

	Pour le *Royal-Louis*.	Pour le navire proposé.
Distance du centre de carène au-dessus de la quille..	4ᵐ,38	4ᵐ,63
Distance du métacentre au centre de carène.	3ᵐ,91	3ᵐ,59

quer les différences des maîtres couples de la figure 10 : la saillie des œuvres mortes de *la Vernon*, connue par des roulis exagérés qui ont empêché de l'imiter. Le couple de *l'Endymion* a beaucoup d'analogie avec ceux de nos anciens vaisseaux, et ceux de sir Robert Seppings en diffèrent. Mais ce sont, je crois, les couples moyens réunis en petit nombre sur la figure 9 qui expriment le mieux les différences de forme générale d'un type de navire à l'autre. On y voit la saillie hors de l'eau du navire sans rentrée et, malgré les différences dans le fond, une analogie avec le couple de *la Vernon*. Au contraire, les navires à rentrée conservent la même largeur des deux côtés, quelles que soient les dénivellations, et *le Chameau* en a d'autant plus qu'il est plus dénivelé. Enfin, en comparant le couple moyen du *Royal-Louis* avec celui du trois-ponts de Sané, lequel est semblable à celui du vaisseau de 80 du même constructeur, on est frappé de la position élevée du fort; combien il est situé plus haut que celui du *Royal-Louis* et du *Chameau*, qui sont à la flottaison : ceux-ci ont donc une rentrée dont l'effet commence dès le dénivellement de l'eau, tandis que les autres ont des côtés verticaux sur une assez grande hauteur avant de commencer leur rentrée. Cette différence a dû modifier les mouvements de ces deux sortes de navires, et elle rapproche ceux de M. Sané de ceux de notre époque. Le navire proposé ressemble au *Royal-Louis* avec plus de creux, et c'est, je crois, une garantie pour le roulis. Quant à *la Diligente*, elle diffère de tous les autres; il est vrai que c'était un navire ayant fort peu d'artillerie, une forte voilure et de petites dimensions, pour lesquelles l'excès de stabilité de forme ne paraît pas avoir eu d'influence fâcheuse. Les goëlettes sont dans ce cas.

La similitude des extrémités extérieures a facilité celle des deux portions de la carène, de sorte que le déplacement de l'avant est de 3,641 tonneaux, et celui de l'arrière de 3,603 tonneaux; la différence 38 tonneaux est peu importante pour une telle masse. *Le Royal-Louis* avait 86 tonneaux de plus devant que derrière, sur 4,732 tonneaux de déplacement total (1).

Pour la marche à la vapeur contre les vagues, je crois qu'il vaudrait sans doute mieux encore avoir plus de déplacement en arrière du milieu, comme la plupart des paquebots l'ont adopté. Le *Persia*, le *Connaught* et beaucoup de modèles de l'Exposition étaient moins fins à l'arrière qu'à l'avant, bien que plusieurs se servissent des roues à aubes, qui ne contribuent pas à faire gouverner comme l'hélice. Mais si des navires qui ont une longueur égale à huit et même à six fois leur largeur se trouvent obtenir des lignes d'eau assez fines à l'arrière, il n'en aurait pas été ainsi sur celui dont les dimensions se trouvent dans le rapport de 1 à 4,7 ; car pour ne pas augmenter le poids de ses plaques et la longueur de ses évolutions, le navire cuirassé doit sacrifier en grande partie les avantages de l'allongement reconnus par les paquebots: chercher à s'approcher trop des proportions de ces derniers serait sans doute s'exposer aux inconvénients graves que présenteront probablement les navires blindés de 122 mètres, comme *le Northumberland*, *le Minotaure* et *l'Agincourt*.

Il faut songer d'autant plus à ce qui précède que la célérité des évolutions est plus importante que jamais, puisque les navires ne pouvant se faire de mal qu'à petite dis-

---

(1) Je crois qu'avec deux hélices il n'est pas nécessaire d'avoir autant de finesse dans les façons de l'arrière et que dès lors il y aurait avantage à déplacer plus d'eau dans la moitié arrière que dans celle de l'avant. Ce serait une cause de diminution de tangage et une imitation des caboteurs chinois qui ont des qualités nautiques remarquables.

tance, les mouvements seront brusques et imprévus ; ils ressembleront à ceux de deux lutteurs. Aussi ne faut-il pas perdre une des précieuses qualités de *la Gloire*, et il est à espérer de la conserver en ne dépassant que de 3 mètres la longueur de *la Bretagne*, qui évolue très-bien (1).

Comme il est très-important pour la navigation et encore plus pour la guerre de ne pas tirer trop d'eau et d'épargner l'enfoncement de navires aussi chargés, il a été trouvé préférable de placer le bas horizontalement, c'est-à-dire avec le même tirant d'eau devant que derrière. Un déplacement suffisant est obtenu de la sorte sans se fermer l'accès de plusieurs ports, et sans trop augmenter la largeur du navire, ce qui deviendrait une cause de roulis. Cette disposition n'est pas nouvelle ; on la remarque dans la plupart des paquebots, et elle ne présente pas d'inconvénients pour gouverner lorsque la surface du gouvernail est suffisante ; mais elle aurait eu le défaut de trop réduire le diamètre du propulseur chargé de résister à l'effet d'une puissance énorme, si l'on n'avait pas adopté deux hélices jumelles, comme on le verra plus loin.

Sous le rapport de la coque, les deux hélices ont l'avantage de remettre la longueur des œuvres mortes et celle de la carène dans leur rapport habituel lorsqu'il n'y a pas d'hélice. En effet, la véritable carène, celle qui déplace l'eau et porte le navire, se termine à l'étambot avant, tandis que la partie supérieure s'étend jusqu'à 5 mètres en arrière, et ne

---

(1) On en est tellement convaincu, qu'il y a peu de temps encore on a déclaré formellement qu'il fallait étudier cette question et employer, au besoin, des pompes ou des évolueurs. Mais quel évolueur vaudra jamais ces deux propulseurs qui font tourner le navire sur place dans un temps sensiblement égal à celui qui est employé à le faire avec une vitesse de 10 à 12 nœuds, comme on en a eu la preuve par plusieurs expériences faites en Angleterre, et citées dans *la Revue maritime* de 1864 et 1865. Il n'y a plus de doutes à cet égard.

sert ni à porter des canons ni à faciliter l'affinement des lignes d'eau. Il n'y a qu'à regarder un plan de vapeur à hélice pour le reconnaître. Sur le plan proposé, cette partie ne dépasse pas $1^m,75$, de sorte qu'il y a une économie des poids de $3^m,25$ de longueur de navire et de cuirasse depuis le bas des plaques jusqu'en haut; ce qui fait bien 60 à 70 tonneaux de plaques, qui, en ajoutant un poids à peu près égal de la coque du navire et du bois sous les plaques, donnent de 120 à 140 tonneaux, qui certainement compensent bien au delà le poids des tôles, qui bouchent le trou de l'hélice et de celui des supports des arbres latéraux.

La raison du tirant d'eau a encore engagé à imiter presque toutes les constructions modernes en supprimant la quille, devenue inutile pour la dérive à bord d'un navire qui présente plus de 650 mètres carrés de surface latérale, et ne porte que trois goëlettes. Quant au roulis, la suppression de cette surface inférieure peut être remplacée par deux ou quatre quilles latérales, comme sur le *Varrior* et autres. Mais si l'on a cru apercevoir quelque diminution des mouvements sur des canonnières en leur ajoutant ces quilles, il est très-douteux qu'il en soit de même à l'égard d'une grande masse. Les surfaces des quilles ordinaires ou additionnelles ne doivent pas exercer une aussi grande influence que les formes, et si l'on espère moins rouler par celle de ces dernières, il est permis de profiter de l'avantage précieux d'enfoncer de $0^m,55$ ou $0^m,60$ de moins, ou à tirant d'eau égal d'avoir 600 à 700 tonneaux de déplacement de plus.

Quant à la matière employée à la construction, il convient de dire que le fer a été préféré, parce que lui seul promet une durée suffisante, et que malgré ses défauts il n'est pas une cause de ruine comme le bois.

Jusqu'à ce qu'on ait découvert un remède certain à la loi générale du contact des métaux dans l'eau salée, il en sera ainsi, et il est si difficile de lutter contre la nature, qu'on ne saurait baser une force maritime sur des espérances aussi vagues que celles des inventeurs qui cherchent des moteurs nouveaux. Certes le fer a le défaut de se couvrir de coquilles et de faire perdre une partie de la marche; mais tout en perçant le fer des plaques, il arrive aussi au cuivre de se salir; ce qui empêche de se servir des préservateurs de Davy. Il en résulte qu'en rongeant le fer, le cuivre prend le défaut des carènes en tôle. (Voir *Art naval à l'Exposition de* 1862, page 96.)

Les voies d'eau sont également à considérer; mais avec une machine de 4,000 chevaux, sont-elles plus redoutables ur un navire en fer que sur un navire en bois? En restera-t-on toujours à être réduit à prendre, pour garnir les pompes, les équipages des pièces, dont chacun ne fait sur les bringuebales guère plus de force qu'un seul cheval de vapeur? Est-ce qu'un navire de guerre re devrait pas pouvoir disposer à volonté de trois ou quatre cents chevaux, qui représentent 4,000 hommes infatigables pour pomper, en refoulant l'eau par le bas à travers des tuyaux, qui sont aussi solides en faisant partie de la construction elle-même que ceux en bronze le sont peu à leur jonction avec le bois? Il est inutile de dresser un plan d'une telle disposition; lorsqu'on possède un arbre qui tourne, il n'y a pas de salle de dessin qui ne sache y adapter des mouvements d'une vitesse assortie à la marche des pompes. Quant aux dimensions à donner à ces dernières, qu'on fasse au moyen d'un trou bouché par une vanne l'expérience de l'eau qui pénètre par un orifice égal aux ouvertures de dix ou douze boulets sous la flottaison, et l'on saura jusqu'où il faut aller pour avoir une sécurité suffisante. Il y a lieu d'observer qu'en pareil cas, c'est gagner du temps et inspirer de la confiance qu'il faut chercher à obtenir. Avec du temps, on aveuglera aussi bien les voies d'eau dans le fer que dans le bois; on aura de plus l'avantage de n'éprouver aucun affaiblissement général, ainsi que d'opérer promptement les réparations définitives; parce qu'au lieu d'être cachées entre deux couches de bois, les membrures en fer sont aussi visibles que les feuilles du bordé.

Qu'il soit permis de profiter encore de cette occasion pour rappeler que les constructions en fer sont impérissables à terre, ainsi que leur machine et leurs chaudières; qu'il y a dans cette conservation un élément de force maritime énorme et une source d'économie qu'on peut bien appeler inépuisable, puisqu'elle conserve si longtemps ce qui s'use maintenant si vite (1). Qu'on étudie donc les moyens les plus commodes et les plus économiques de tenir à sec les navires du genre de *la Couronne*; qu'on se gêne au besoin, dans le port où l'on possède déjà de vastes bassins, pour en consacrer un à être le magasin de ce matériel si cher et si périssable. On y choisirait ensuite les navires pour les armer ou les remettre en dépôt, et l'on ne mouillerait les autres que pendant une marée; ou bien dans d'autres localités, qu'on étudie le halage à terre de ces masses de fer. Quel que soit le moyen, il est nécessaire d'y penser et de ne pas perdre de temps. Il y a là un calcul budgétaire de la plus haute importance. Nos batteries flottantes de Kilbouroun seraient prêtes à servir si elles avaient été refaites en fer et gardées à terre, tandis que si elles ont éprouvé le même sort que celles des Anglais, elles courraient des risques en s'exposant hors des passes. Il en sera

---

(1) On vient de mettre au bassin en 1863, après cinq mois d'immersion, le *Royal-Oak*, premier navire blindé en bois, construit en Angleterre et doublé en bronze. On a trouvé ses plaques assez piquées pour publier que, si leur décomposition continuait de la sorte, elles ne dureraient pas trois ans (*Times* du 28 octobre 1863). Beaucoup d'autres exemples ont prouvé combien la corrosion des plaques était rapide et compromettait ce matériel si dispendieux, qu'il n'est probablement pas exagéré d'établir qu'il a 2000 de dépréciation par jour et par navire.

de même de toutes les constructions en bois : avant dix ans
d'existence, elles nous laisseront avec de la rouille et du
fumier.

Quant à la manière de fixer le bois et les plaques sur les
tôles du bordé, j'ignore si l'on est porté à employer encore
le procédé ingénieux de M. Audenet, qui paraît très-solide, mais dispendieux et difficile à réparer dans le cas où
des boulets auraient produit des désordres. On pourrait
donc examiner s'il ne serait pas plus économique et assez
solide de faire passer la membrure de dedans en dehors des
tôles du bordé, en doublant les cornières du dehors sur celles
de l'intérieur sur une longueur suffisante, là où commence
la cuirasse (*fig.* 3). Alors on mettrait entre les cornières dou-
blées de la membrure extérieure des blocs de bois serrés
par des coins, de manière à maintenir les premiers entre les
rebords des cornières par une forte pression et à poser sur
le renflement au bas de la cuirasse. Par-dessus serait une
seconde couche de bois horizontale et tenue aux blocs de la
première par des gournables, et enfin les vis à bois des plaques fixeraient ces dernières, en aidant à la réunion des
deux couches de bois. Cette disposition n'est qu'une imitation de ce que M. Grantham a proposé à la dernière exposition pour appliquer un doublage en cuivre à l'extérieur des
constructions en fer, et la division de ses parties faciliterait
les réparations après un combat.

La difficulté de donner des doubles courbures aux plaques a été une des objections élevées contre la rentrée des
murailles. Mais s'il est réellement trop dispendieux de fa-
çonner les plaques de la sorte, est-ce qu'il ne serait pas
facile de tracer sur les remplissages en bois la place des
plaques et de découper suivant des lignes droites, de sorte
que le couple en bois fût un polygone et que les bords des
plaques fussent chanfreinées suivant les angles, de manière
à s'appuyer entre elles ? On aurait ainsi des arêtes exté-

rieures qui n'ajouteraient pas à la laideur du navire (1).

Il reste encore à examiner une question importante : c'est celle de se préserver de l'eau en marchant contre la mer; car si l'on croit encore qu'il n'y aura jamais de danger avec un pont découvert, en modérant l'impulsion de la machine ou en prenant la cape, il est évident que puisque de légers paquebots ont été forcés de couvrir leur avant jusqu'aux tambours, afin de porter leurs dépêches par tous les temps, il faudra, tôt ou tard, les imiter, si l'on veut courir après eux avec des navires aussi lourds et aussi rapides que les cuirassés. Ceux-ci ne rempliraient pas leur but s'ils étaient incapables de poursuivre de riches proies lorsque la mer est grosse, et ils se trouveraient dans le même cas à l'égard de leurs semblables, qui auraient eu la prévoyance de se préserver. Il serait donc malheureux que pour une petite précaution, souvent employée, on fût forcé de marcher doucement, parce qu'on embarque de l'eau qui tombe dans la cale, faute des moyens employés ailleurs pour la rejeter au dehors. Faudra-t-il rester à Brest parce qu'il y a grand frai de sud-ouest dehors et ne pas profiter du gros temps qui, en empêchant tout le monde de démarrer les canons, rend les entrées de port libres au bon marcheur de gros temps? Que faire dans une chasse? Il faudra bien y renoncer si, à force d'embarquer de l'eau, on a des feux éteints. Il serait donc indispensable, sous le rapport militaire, comme sous celui de la navigation, de disposer le haut du navire de manière à rejeter l'eau à l'extérieur (comme le montrent les dessins ci-joints) et d'y transporter les logements des officiers et des maîtres, que le manque de hublots rend fort peu habitables en bas. De la sorte, le faux pont serait entièrement

---

(1) Avec de bons gabarits envoyés à l'atelier de confection des plaques, on obtient des courbures exactes et l'on évite les lenteurs des retouches à froid. M. Gouin a employé avec succès cette méthode en construisant en onze mois une frégate cuirassée pour l'Espagne.

libre et les cloisons des chambres transportées en haut ne
pèseraient un peu plus que par l'élévation adoptée pour dominer assez la mer. Les petits ponts qui unissent sur les
côtés le gaillard d'avant et la dunette serviraient d'abri sur
les passe-avant, et leur poids serait peu considérable à
cause des montants de cloisons et de quelques épontilles.
En faisant passer quelques barrots d'un bord à l'autre, on
pourrait donner beaucoup de légèreté à la muraille supérieure, formée de bordages tenus par des vis sur les cornières de membrure. L'eau du lavage journalier de l'espèce
de grande rue conservée au milieu pourrait être arrêtée par
une cornière en avant des chambres dont le plancher pourrait être exhaussé au-dessus du bordé en tôle régnant d'un
bout à l'autre du navire. Pour compléter les moyens d'arrêter l'eau, la place naturelle du bastingage serait sur le
bord intérieur des petits ponts. Cette précaution montrera
son utilité lorsqu'on marchera rapidement sous un angle
oblique à la lame, de 3o degrés, par exemple; si l'on file
ainsi 1o nœuds, on en fait cinq presque en travers contre la
mer, qui, dès lors, brise sur le côté comme sur une jetée
située en travers d'un courant de marée. Il y a si peu de
manœuvres de voiles sur de tels navires, que le passage de
quelques écoutes n'offrirait pas plus de difficultés que le
placement des embarcations avec des porte-manteaux tour-
nants.

L'aspect de ce qui se passe, vent debout avec une grosse
mer, porte non-seulement à exhausser l'avant, autant que
la nature du bâtiment le permet, mais comme avec une
masse de 6,ooo à 7,ooo tonneaux l'élévation obtenue n'est
pas suffisante, il faut encore plus s'opposer à l'eau dans
cette partie que par le travers. Quand on file 8 ou 9 nœuds
contre une grosse mer, l'eau passée par-dessus l'avant possède cette vitesse relative et s'écoule jusque derrière comme
un petit mascaret, en passant par-dessus les hiloires, si

rien ne la détourne de sa direction. Il y aurait donc utilité à étendre le gaillard d'avant jusqu'au mât de misaine, à lui donner beaucoup de bouge ou une arête au milieu et à ne pas l'entourer, non plus que les petits ponts, qui sur le dessin n'ont qu'un treillage. De plus, on fixerait sur les bordages deux ou trois rebords de 0^m,5o à 0^m,6o de haut au moins, faisant entre eux un angle aigu à l'avant et s'é-tendant sur les côtés jusqu'au plat-bord, afin que l'eau fût détournée de sa direction et déversée à l'extérieur ou enfin arrêtée par le bastingage au lieu de tomber sur le pont (1).

Quand il y a du roulis, on est étonné du peu que débitent les dalots, parce que l'eau perd, pour ainsi dire, son temps à passer d'un bord à l'autre, elle s'accumule du côté le plus bas, alors qu'il en entrerait plutôt de l'exté-rieur, et avant d'avoir pu s'écouler, le roulis la fait passer de l'autre bord pour recommencer le même effet. Il y a des mouvements qui retiennent tellement d'eau, qu'il s'en écoule à peine la moitié relativement à ce qui sortirait si le navire restait droit : c'est aussi une grande gêne pour les pompes aspirantes actuelles (2). Malgré leur légèreté, les paquebots transatlantiques français avaient été forcés de marcher doucement, à cause de l'eau embarquée par-dessu leur gaillard d'avant; ils ont adopté récemment ces petits brise-lame proposés en 186o et s'en sont bien trouvés. Il²

---

(1) C'est ce que j'avais proposé, ainsi que l'exhaussement de l'avant à 8 mètres au-dessus de l'eau en 186o, après les premières expériences.

(2) Dans l'état actuel des navires blindés, je crois qu'avec gros temps la meilleure allure à prendre est de se mettre debout à la lame en maintenant la machine à l'allure la plus lente possible, tout en conservant au gouvernail assez d'action pour ne pas venir en travers. Alors au moins l'eau qui em-barque par l'avant aura le temps de s'écouler par les dalots, et il n'en pas-sera en dessus que lorsque la crête de la lame s'élèvera un instant. En ayant des tauds très-solides, en fermant tous les panneaux et en donnant de l'air par le gaillard d'avant, par le block-house et par la dunette, on ne courra pas les chances d'avoir les feux éteints comme avec les roulis exagérés des navires actuels (voir la 2ᵉ édition du *Manœuvrier complet*).

seraient certes plus utiles encore aux lourds navires cuirassés, appelés par leur nature à déployer plus d'énergie.

Il y a encore une question qui occupe la marine et qui n'a pas reçu de solution : c'est celle de l'éperon dont on a chargé l'avant de nos deux vaisseaux. Sans discuter l'utilité de cet engin et les manières peu appréciées de s'en servir, il suffit d'observer que, quelle que soit sa solidité, cet éperon courra des risques de rupture et de dislocation, s'il adresse ses coups à la partie la plus dure et la plus solide du navire ennemi surtout lorsque le choc sera oblique. Ce n'est certainement pas contre les anciens navires en bois que cette pointe sera dirigée ; quelques obus suffiront à leur destruction, sans courir le risque d'éprouver le moindre dommage. Placé à la flottaison, l'éperon actuel s'adresse à des plaques de 12 et bientôt de 15 centimètres, appuyées sur o^m,80 de bois en trois couches croisées, et soutenu lui-même par les plates-formes si solides du pont qui porte les canons et de celui qui est au-dessous (voir *fig.* 3). C'est presque vouloir casser la tête de son ennemi en frappant dessus avec la sienne, tant la dureté des plaques et la roideur de la charpente annulent l'avantage du peu de surface d'une pointe. Je pense donc que c'est au défaut de la cuirasse, *à 5 mètres au moins sous l'eau*, qu'il faut s'adresser pour découper les tôles, fausser le gouvernail ou briser les ailes d'hélice. Pour cela, il serait possible d'avoir une étrave aussi grosse au moins que celle du *Northumberland* et de la relier au reste de la construction par de nombreuses cloisons à cornières et des cloisons étanches pour obvier aux voies d'eau. (Voir *fig.* 6, Pl. I.) Comme on ne saura jamais avec quelle vitesse on abordera, il faut qu'indépendamment de l'éperon tout l'avant soit consolidé. Afin de ne pas porter toujours cette pointe, aussi menaçante sur les rades que le serait celle de la baïonnette à hauteur de ceinture présentée par des soldats se promenant dans les rues, il serait, je crois, possible d'avoir un éperon en fer forgé, aciéré au bout, avec un fort tenon carré, destiné à entrer dans une mortaise de même forme pratiquée dans l'étrave. L'éperon porterait par un rebord et serait retenu par une ou deux clavettes chassées d'en dessus avec un mouton. Il serait facile de remplir les trous avec du bois ou du caoutchouc très-comprimé, qui, empêchant tout contact de l'eau, préserverait de la rouille et conserverait le poli. En transportant des poids derrière et au moyen du scaphandre, il suffirait d'arracher par morceaux le caoutchouc pour présenter avec une caliorne cet éperon, dont le poids serait de 5 à 6 tonneaux, et de le fixer par des clavettes, sans qu'il fût nécessaire d'entrer au bassin. Au moins, on ne porterait pas en temps de paix cette arme si effrayante pour les amis, et si l'usage n'en était pas adopté, on en serait quitte pour avoir donné à l'avant une solidité exagérée.

La nécessité d'avoir un block-house pour préserver la barre, l'habitacle et le capitaine, amène naturellement à se demander, si en augmentant le sacrifice du poids de ce réduit on ne pourrait pas l'utiliser pour renfermer les deux canons vulnérables, situés maintenant sur le pont, en les plaçant ainsi dans les meilleures conditions de tir. Sans pousser le système au même point que le capitaine Coles avec ses cupolas, on pourrait étudier les dispositions américaines, surtout celles où la tour est fixe ; car sur un navire de mer de pareils poids seraient dangereux s'ils avaient un peu de jeu. Il n'y aurait pas non plus à rechercher une invulnérabilité aussi complète que pour la guerre des rivières d'Amérique, et quand même ces deux canons seraient à ciel ouvert, leur position élevée les rendrait redoutables en ce qu'ils seraient beaucoup plus faciles à manœuvrer. Il faudrait sans doute compter près de 150 tonneaux pour cette addition, et comme la tourelle actuelle en pèse bien de 40 à 45, ce serait un surcroît de poids de 105 à 110 tonneaux ou 9 centimètres 1/2 de tirant d'eau de plus, ce qui amènerait les seuillets de sabord à 2^m,31 avec tout à bord. Il y a donc à considérer si ce sacrifice d'une partie de la hauteur des canons de la batterie ou d'un poids égal de charbon n'est pas plus que compensé par l'avantage d'avoir deux pièces aussi invulnérables et beaucoup mieux placées, en ce qu'avec du roulis elles seraient seules à tirer, pour profiter des émersions de la carène ou faire tomber des projectiles sur le pont.

Avant de terminer cet examen, il convient d'expliquer les raisons qui ont fait préférer deux hélices à une seule; c'est surtout la sécurité de fonctionnement des machines à vapeur qui, lorsqu'elles arrivent aux puissances nécessaires maintenant, sont loin d'offrir les mêmes garanties de fonctionnement que des appareils semblables, mais moins puissants. Des surfaces frottantes trop grandes pour bien porter et être partout lubrifiées, des dimensions de pièces de fer qui, malgré la perfection actuelle, ne sont pas aussi solides que de plus petites et des obstacles inhérents aux grandes machines comme aux trop vastes voilures, font de ces appareils un sujet de craintes continuelles, lorqu'ils développent toute leur force. On ne fait pas battre impunément 55 coups doubles et bientôt 60 à des pistons de 2^m,10 de diamètre, renversant cent dix fois par minute des efforts de 50,000 kilogrammes concentrés sur une bielle. Aussi à part tout raisonnement, on reconnaît que les grandes bielles sont un sujet de vives inquiétudes et qu'elles causeraient des malheurs en temps de guerre, parce qu'on ne saurait trop répéter qu'il y aura des vaisseaux pris pour une pièce échauffée, parce qu'un peu d'huile sera tombée à côté d'un godet ou pour une fissure dans un cylindre ou une chaudière (1).

---

(1) Les machines ne sont proportionnelles à leur force que sur le papier. On fera au millimètre et dans le rapport des puissances une machine de 500 chevaux et une de 1,000 : celle-ci n'offrira aucune sécurité, elle fêlera

Mais on dira qu'adopter deux hélices c'est revenir à la complication des anciennes machines à quatre cylindres; il n'en est pas tout à fait ainsi, et il faut observer une diffé-

---

des cylindres comme elle en a fêlé plusieurs, fondra des coussinets, et si elle sert, elle cassera des arbres, tandis que la petite résistera mieux : sans en chercher les raisons, c'est prouvé par la pratique. Les grandes machines emporte-pièce de 1,000 chevaux nominaux sont probablement des billets de prison, dont le cautionnement n'est pas encore désigné; leur procès-verbal de recette n'est pas une garantie. C'est l'aspect de ces machines effrayantes à toute volée qui m'a fait croire qu'il y avait lieu de chercher à s'éloigner des proportions nuisibles, qu'elles ont été entraînées à prendre par la nature même du service qu'on leur a imposé en supprimant les engrenages. Car le tirant d'eau et le pas ayant des limites naturelles, on est forcé de faire un certain nombre de tours pour développer un chemin donné. D'un autre côté, la vitesse du piston a une limite qu'elle ne saurait franchir : dès lors comment donner de la puissance, c'est-à-dire augmenter le volume engendré par le piston dans un temps donné, puisqu'on ne peut modifier la vitesse ni la course? Ce n'est évidemment que par un accroissement de surface, et l'on en est venu à des sortes de machines à boutroller les rivets ou à poinçonner les tôles, qui ont des courses égales aux deux tiers ou même à la moitié du diamètre du cylindre. Or l'effort sur toutes les pièces est en raison de la surface du piston; donc les bielles et les paliers en supportent un énorme : c'est comme si l'on prenait l'aviron à toucher le tolet. Le moindre jeu dans les pièces du mécanisme expose dès lors l'arbre à des flexions inverses qui le brisent bientôt. On n'en a que trop d'exemples, et si l'on y obvie en exagérant davantage le diamètre de l'arbre, on s'expose à ressembler presqu'à un excentrique. Les hélices jumelles font disparaître ces défauts : ainsi admettant pour plus de simplicité quelles aient le même diamètre et le même pas que l'hélice simple, il est évident que pour le même chemin développé les pistons battront le même nombre de coups et auront la même vitesse. Mais comme ils se partageront tout à fait la besogne, au lieu de la partager d'abord pour la réunir ensuite, comme avec quatre ou trois cylindres sur un même arbre, ils auront leur surface réduite à moitié; par conséquent ils auront un très-grand levier de manivelle, et à rotation égale ils exerceront un effort moindre et une pression moitié sur les coussinets. Ainsi des pistons de $2^m,10$ seront divisés en quatre pistons de $1^m,50$ qui en ayant la même course que les premiers, $1^m,30$, se trouveront presque dans les anciennes proportions d'égalité de course et de diamètre, qui mettent les mouvements dans de bonnes conditions. Nos machines sont si précaires, elles font tant d'avaries dès qu'on les pousse, elles ont des échauffements si dangereux, qu'on ne saurait trop songer à l'adoption d'une disposition qui, à tous ces avantages avérés maintenant, ajoute celui de la sécurité. C'est surtout pour les machines puissantes que cela est important;

rence marquante en ce que chaque paire sera une machine aussi simple que celle employée maintenant et que rien ne sera changé au mécanisme de chaque système. Il y aura multiplicité, mais non la complication de quatre ou de trois cylindres agissant, en fin de compte, sur une seule manivelle et lui faisant supporter tout l'effort comme un mât superposé à un mât. Ce sera faire pour le fonctionnement des grandes machines ce qu'on a été forcé d'adopter pour les voilures, afin de les rendre assez maniables ; sans cela pourquoi ne pas faire d'énormes côtres et pourquoi les grandes voiles latines des pinques et des chebecks ont-elles été abandonnées par la subdivision des voiles carrées ? Je vois, dans l'adoption de ce principe, des sécurités inespérées et impossibles à obtenir avec la concentration de toute la force sur un seul propulseur.

Quant aux propulseurs eux-mêmes ils se trouveraient dans de meilleures conditions, puisqu'ils agiraient sur une surface d'eau double relativement à la force de leur machine. Cette cause diminuerait le défaut des pas exagérés, lorsqu'ils ont à lutter contre des obstacles. Le recul serait moindre, comme on paraît l'avoir bien constaté, de plus le pas pourrait au besoin être raccourci, puisqu'on donnerait plus de coups de piston sans compromettre de petites machines. Les ruptures fréquentes d'ailes d'hélice, qui compromettent les nouveaux navires, seraient évitées, puisque, sans exagérer les épaisseurs, on ne fatiguerait pas un propulseur supportant une force moitié moindre. Quant

---

on sait que les petits appareils s'arrangent assez bien des grandes vitesses, mais on sait aussi que les grands n'y résistent pas et qu'ils préparent des catastrophes en cas de guerre maritime. Après avoir été employées par Ericsson sur des canaux et avoir fonctionné il y a près de vingt ans, on a songé à employer les hélices jumelles pour les batteries flottantes, et depuis quelque temps on les adopte de plus en plus pour mouvoir de légers paquebots. (Voir *la Revue maritime et coloniale*.) Ainsi l'on n'a plus de doutes sur leur mode de fonctionnement.

au poids, nous avons vu combien cette disposition en fait gagner sur la coque ainsi que sur la cuirasse, et les deux hélices ne pèseraient guère qu'une fois et demie l'ancienne. Leurs deux supports n'excéderaient pas beaucoup le poids de l'ancien cadre de l'hélice qu'il fallait faire si fort pour assurer la liaison de l'étambot du gouvernail. Quant aux arbres, en les comptant en raison de la force de leur machine, ils ne pèseraient pas plus que celui destiné à une puissance double. Il en est de même des machines qui, arrivées à ce qui nous occupe, pèsent en raison de leur puissance.

Les deux hélices doivent convenir surtout aux navires longs et très-lourds, parce qu'elles donnent plus de surface pour pousser un grand poids. Il est douteux qu'un seul propulseur ait une bonne utilisation sur un navire de 122 mètres de long, comme le *Northumberland* et le *Minautaure*, pesant 10,000 tonneaux et tirant moins de 8 mètres d'eau, non plus que sur les canonnières qui sont dans des proportions analogues et dont l'exagération a porté à l'usage de deux hélices comme sur les canaux. C'est ce qui les rend très-utiles pour les navires cuirassés et je ne doute pas que leur adoption ait pour résultat de beaucoup améliorer ce genre de navire.

Il y aurait donc avantage à imiter ce qui a été fait en petit, et nul doute que pour la manœuvre on ne s'en trouvât bien (1). Quant à l'installation, elle présentera aussi peu de

---

(1) En faisant marcher une hélice en avant, l'autre en arrière, on tourne sur place dans un temps presque aussi court qu'en marchant en avant à toute volée avec la barre en à bord. Quel avantage dans les rades et pour employer ou éviter les béliers! De plus, on navigue très-bien avec une seule des deux hélices, et un navire a fait une traversée d'Europe en Amérique en marchant tantôt avec l'une, tantôt avec l'autre; ce qui permet d'économiser beaucoup de combustible en évitant les pertes dues aux détentes exagérées. On a été étonné du petit angle qu'il fallait donner à la barre pour maintenir

difficultés avec le fer, qu'on en aurait rencontré de graves dans le bois. Les tubes en tôle qui entrent obliquement dans les façons sont des parties intégrantes du navire et entourés de cornières. Les supports de l'arrière s'appuient sur une partie très-solide, puisque les membrures sont des tôles unies aux deux côtés et formant une forte poutre de pont. L'objection la plus grave contre l'emploi des deux hélices est la chance d'engager plus souvent les propulseurs avec des cordes ou de leur causer des accidents par des chocs. Mais en adoptant le propulseur à ailes doubles, on diminuerait ces chances et l'on aurait sur l'hélice unique celle d'avoir toujours un propulseur intact et qui certes pousserait le navire plus en ligne droite qu'une seule roue à aubes (1).

---

le navire en route ; une fois qu'il est lancé, il est aussi facile de gouverner qu'avec un seul propulseur ; il paraît que ce n'est qu'au départ qu'on est un peu détourné de sa direction lorsqu'on ne le prévient pas avec la barre.

(1) Les varangues plates et l'égalité de tirant permettront de renoncer à la position horizontale des cylindres qui, on doit l'avouer, est une des dispositions fâcheuses des machines directement articulées à hélice. On y a naturellement été entraîné par le manque d'espace en dessous de l'axe de l'arbre avec des varangues acculées et des constructions en bois qui exigent des massifs d'une épaisseur énorme pour donner un peu de solidité à l'assise des machines. On a prétendu en vain que des pistons se mouvant horizontalement ne déformeraient pas les cylindres, et que le graissage et l'eau qui se forment à chaque coup de piston étaient un préservatif suffisant. Mais on ne peut faire frotter des pistons aussi lourds avec des vitesses de $1^m,50$ à 2 mètres par seconde sans qu'ils ne s'usent, ainsi que la surface du cylindre. Aussi, après des services interrompus, qui en cinq ans ne font pas les trois quarts d'une année de paquebot, on a eu des garnitures usées, et il a fallu relever les pistons. Sur des paquebots, l'usure des pistons et des cylindres horizontaux est assez forte, et l'expérience qui en a été faite sur un trop grand nombre n'a jamais été imitée. La machine à pilon a seule résisté à un service actif, non-seulement à cause de sa simplicité, mais parce que ses cylindres sont verticaux. La machine à fourreau n'a pas été adoptée par le commerce, quoique certes elle soit aussi simple que celle à pilon, mais parce que ses cylindres sont horizontaux et exposés à se déformer, malgré le soutien des fourreaux qui servent de guides. *L'Himalaya*, devenu trans-

Afin de compléter cet aperçu, voici le devis des poids, en se basant sur ceux de *la Couronne* qui paraissent très-lar-

---

port de l'État et par suite naviguant beaucoup plus que les navires de guerre, a été forcé de changer ses cylindres à fourreau il y a déjà longtemps.

Si les navires des gouvernements ont presque tous des cylindres horizontaux, sans qu'il y ait eu à en reconnaître les défauts, c'est uniquement parce qu'ils ne naviguent presque pas et que ceux qui ont été toujours armés et passent pour avoir un service actif n'ont pas vingt jours de marche par an, et cela en n'employant que la moitié des chaudières. Quant à la marche à toute volée, la plus forte moyenne, il y a trois ans, était de deux jours et demi par an et en plusieurs fois séparées par quelques avaries. Les machines de cette sorte n'ont donc de la durée que parce qu'elles ne marchent presque pas; mais s'il fallait les employer activement, on aurait des mécomptes effrayants et qui pourraient être évités en plaçant les cylindres verticaux, ce qui devient facile avec la division en deux hélices et des fonds plats et en ne sortant des habitudes que par une inclinaison de l'arbre un peu plus prononcée. Ainsi, avec la différence usitée, l'arbre parallèle à la quille (et il ne l'est pas toujours) fait un angle de 1° à 1°,30 avec l'horizontale. Si l'on considère le plan proposé, on voit qu'avec le fond du navire horizontal, 2° d'exhaussement de l'arbre donnent une hauteur de 4^m,35 au lieu de 3^m,20; 3° élèvent à 4^m,70; enfin 4° à 5^m,35. Or de telles inclinaisons ne seraient pas nuisibles à l'action des propulseurs, elles ont même été employées avec intention dans l'idée que l'eau repoussée vers le bas trouverait plus de résistance et que le recul serait diminué. Déjà sur la corvette la *Wasp* (la Guêpe) on a donné à l'arbre un angle de 2°,30 avec la quille, afin de mettre des cylindres oscillants directement articulés à l'arbre et placés en dessous. Si l'on a trouvé la place avec une construction en bois, il n'y a pas de doute avec celle en fer, dont on peut disposer la charpente comme on le désire, et avec des cylindres fixes, qui auront leur assiette beaucoup plus solide que des plaques de fondation percées pour le mouvement de cylindres oscillants qui, articulés directement à l'hélice, n'ont pas mieux résisté en France qu'en Angleterre. Je crois donc que dans les conditions d'un navire en fer sans différence on pourrait redresser nos machines à bielle en retour en les faisant revenir machines en clocher, comme elles l'ont été dans l'origine, de manière à profiter de tous les avantages des cylindres à axe vertical comme ceux à pilon, sans avoir les inconvénients de l'élévation exagérée et de la nécessité de renforcer les assises de ces derniers. La machine à fourreau simple et à cylindres verticaux a déjà été employée pour mouvoir un engrenage par M. Rennie et par les Messageries impériales; elle aurait plus de simplicité encore que celle en clocher, mais il est douteux qu'elle présente les mêmes chances d'économie de combustible. Du reste, quel que soit le renvoi de mouvement employé, il suffit d'établir qu'un navire en fer

gement calculés et en estimant la cuirasse d'après le volume de fer et sa densité :

Longueur à la flottaison. . . . . 84^m,00
Maître bau. . . . . 17^m,70
Rapport. . . . . 1 : 4 ,74
Surface immergée du maître couple. . . . . 118^{m2},58
Tirant d'eau de l'avant comme de l'arrière. . . . . . . 8^m
Déplacement pour 1 centimètre d'immersion. . . . . . 12^t,166
Déplacement en charge. . . . . 7344^t
Poids ou déplacement multiplié par 1026. . . . . 7535^t
Poids de coque en raison des déplacements et com-
    paré à *la Couronne*. . . . . 3403^t
Distance du centre de carène à la flottaison. . . . . . 3^m,36
Distance du métacentre au centre de carène. . . . . . 3^m,59
Développement de la cuirasse pour les deux bords. . . 176^m
Surface pour 2 mètres à 15 centimètres d'épaisseur
    sous la flottaison. 352^{m2}
Volume de fer à 15 centimètres d'épaisseur. . . . . . 52^{m3},8
Poids en multipliant ce volume par la densité 7,78. . 410^t,7
Hauteur de la cuirasse au-dessus de l'eau en suivant
    la rentrée et en admettant 2^m,40 de hauteur de sa-
    bord en pleine charge. . . . . 4^m,60
Surface au-dessus de l'eau sans déduire les sabords. . 809^{m2},6
Volume pour une épaisseur de 12 centimètres. . . . . 97^{m3},14
Poids du haut de la cuirasse en multipliant le volume
    par la densité 7,78. . . . . 755^t,5
Poids total de la cuirasse (1). . . . . 1165^t,2

à fond plat, ayant gagné du creux intérieur par la suppression de la quille et n'ayant pas une différence de tirant d'eau qui donne déjà une inclinaison à l'arbre, peut, en augmentant l'angle de ce dernier, profiter de tous les avantages de solidité et de durée des cylindres placés verticalement sous l'arbre. Il est inutile de donner un tracé d'une pareille disposition. La pompe à air présenterait seule quelques difficultés et perdrait en partie l'avantage de l'extrême simplicité des mouvements actuels.

(1) En calculant de la même manière le poids de la cuirasse de *la Gloire*, on trouve un chiffre presque égal à ce qui est porté sur son devis pour cuirasse, chevillage et block-house. Il est donc probable que le chiffre porté plus haut s'approche de la vérité et que les sabords compenseront et au delà le

Puissance nominale. . . . . 1100 chevaux

Nombre de chevaux par mètre carré de maîtresse sec-
 tion (1). 9,3

Poids total de l'appareil moteur proportionnel à
 1100 chevaux. 885ᵗ

Charbon pour le même temps de chauffe. 1020ᵗ

Armement, gréement, vivres, eau, chaînes, ancres,
 canots (2). 875

Résumé.

Poids de coque.	3403ᵗ
Cuirasse.	1165
Emménagements.	170 (3)
Machines, chaudière, hélices, etc.	885
Charbon.	1020
Armement, gréement, armes, vivres. . .	875
Total.	7518
Déplacement en poids.	7535
Reste disponible.	17

Il en résulte que le navire proposé a un excédant de
1260 tonneaux sur *la Couronne* et que ce surcroît de poids et
par suite de valeur a pour résultat 0ᵐ,40 de hauteur de seuil-
let de sabord de plus, 25 p. 100 d'épaisseur de plus de cui-

chevillage. D'ailleurs il serait rationnel et surtout favorable aux qualités du
navire de mettre des plaques moins épaisses à l'avant et à l'arrière des
canons extrêmes sur un développement de 27ᵐ,4 et 4ᵐ,50 de hauteur, c'est-
à-dire une surface de 123 mètres carrés qui produiraient une économie de
poids considérable.

(1) *La Gloire* a 9 chevaux par mètre carré et *la Couronne* 8,05.

(2) On admet 38 canons au lieu de 36, avec les munitions proportionnelles.

(3) Cet article a été forcé de 50ᵗ pour les ponts latéraux et l'exhaussement des murailles dans les hauts.

rasse sous la flottaison et 20 p. 100 hors l'eau, 6 p. 100 de plus d'artillerie et 15 p. 100 de plus de force motrice relative, c'est-à-dire un peu plus de vitesse et surtout un peu plus grand rayon d'action avec une marche modérée.

Si ces qualités dispendieuses n'étaient pas jugées nécessaires, il n'y aurait qu'à diminuer l'échelle, mais ce serait une résolution malheureuse.

On trouvera sans doute beaucoup d'imperfections et peut-être des erreurs dans cette étude. Il est à espérer qu'on voudra bien les pardonner en faveur du but : l'utilité de la marine par ce travail comme par ceux qui l'ont précédé.

E. PÂRIS,

Membre de l'Institut

(section de géographie et de navigation).

Paris, le 21 novembre 1863.

Nota. A cette date l'escadre cuirassée était à la mer pour faire des expériences ; elle n'est rentrée à Brest que le 29 novembre.

Paris. — Imprimé par E. THUNOT et Cᵉ, rue Racine 26.

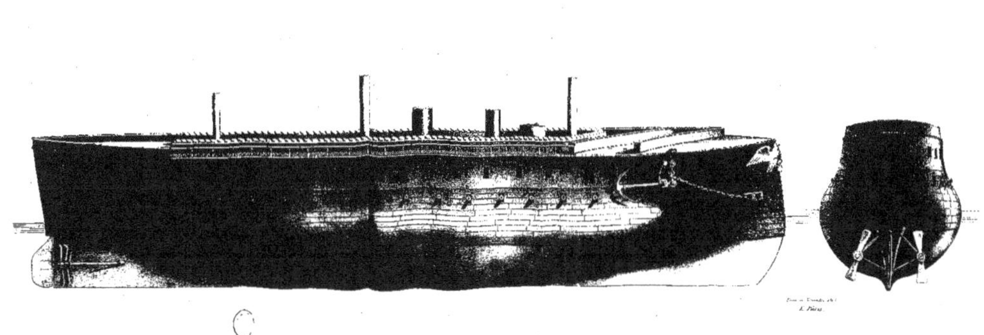

FRÉGATE CUIRASSÉE A VENTRUE

ARTHUS BERTRAND

LIBRAIRIE MARITIME ET SCIENTIFIQUE

LIBRAIRE DE LA SOCIÉTÉ DE GÉOGRAPHIE.

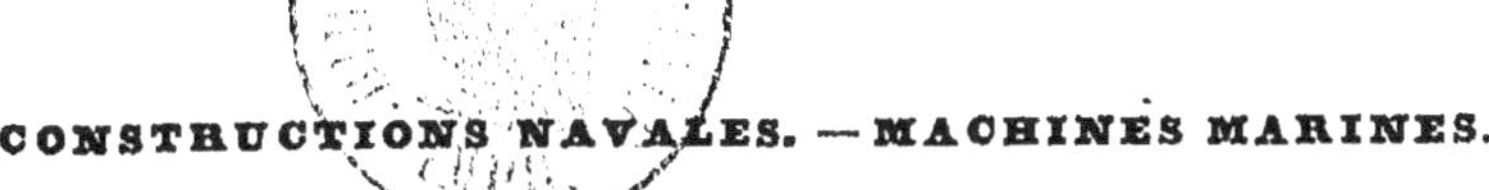

CONSTRUCTIONS NAVALES. — MACHINES MARINES.

ASTRONOMIE. — HYDROGRAPHIE.

ARTILLERIE ET COMBAT. — TACTIQUE NAVALE.

HISTOIRE ET JURISPRUDENCE MARITIMES.

OUVRAGES SPÉCIAUX POUR LES ÉCOLES D'HYDROGRAPHIE
ET CAPITAINES AU LONG COURS.

PARIS

RUE HAUTEFEUILLE, 21, PRÈS L'ÉCOLE DE MÉDECINE.

JUILLET 1865.

ARTHUS BERTRAND, ÉDITEUR

LIBRAIRIE MARITIME ET SCIENTIFIQUE

21, RUE HAUTEFEUILLE, A PARIS.

CATALOGUE.

ALONCLE, ancien élève de l'école polytechnique, capitaine d'artillerie de marine. — **ÉTUDES SUR L'ARTILLERIE RAYÉE DE MARINE, CONDITIONS INDISPENSABLES AU CANON DESTINÉ AU SERVICE DE LA FLOTTE.** In-8 accompagné de 4 grandes planches gravées.   6 fr.

> L'artillerie rayée en France et en Angleterre. — Opinions du commandant Robert Scott, du capitaine Fishbourne et de sir Williams Armstrong sur le meilleur canon pour la marine.—Dernières expériences de Shœburyness.— Résultats.—Conclusion.
>
> **Notes de l'auteur.** — Murailles cuirassées des navires. — Plaques d'armure. Artillerie à grande puissance.—Projectiles perforants et contondants.— Fabrique et rayure des canons et des projectiles. — Vitesse des projectiles. — Dernières expériences en France, etc., etc.

— **L'ARTILLERIE DE MARINE EN ANGLETERRE ET AUX ÉTATS-UNIS,** d'après les derniers documents officiels. In-8 accompagné de 4 grandes planches.

BERTHELOT, consul de France. — **NOUVEAU SYSTÈME DE PÊCHE,** réservoirs de dépôts, bateaux-viviers et conservation du poisson. Broch. in-8, avec une grande planche.   1 fr. 25.

BOUCHER. — **LE CONSULAT DE LA MER,** ou pandectes du droit commercial et maritime, des usages commerciaux et maritimes du moyen âge suivis encore en Espagne, en Italie, à Marseille et en Angleterre comme lois, et partout ailleurs comme raison écrite; précédé de l'historique des coutumes maritimes des temps anciens, suivi des pièces justificatives. 2 vol. in-8° avec des tableaux.   15 fr.

BOURGOIS, capitaine de vaisseau. — **RAPPORT A SON EXCELLENCE M. LE MINISTRE DE LA MARINE SUR LA NAVIGATION COMMERCIALE A VAPEUR DE L'ANGLETERRE,** suivi de considérations théoriques et pratiques sur les appareils moteurs et les hélices, installation, arrimage et mâture. 1 vol. in-4 accompagné de 4 grandes planches gravées.   16 fr.

> Historique et statistique de la navigation à vapeur et considérations tech-

niques. Tableaux synoptiques des contrats passés avec le gouvernement pour le transport des malles et des recettes postales qui en dérivent, états du matériel des compagnies anglaises de navigation à vapeur de long cours, et documents divers sur les compagnies transatlantiques anglaises ainsi que sur le cabotage.

BOURGOIS, capitaine de vaisseau. — **MÉMOIRE SUR LA RÉSISTANCE DE L'EAU** au mouvement des corps et particulièrement des **BATIMENTS DE MER,** notions théoriques et fondamentales sur la résistance et formules générales. 1 vol. in-4 vélin accompagné de plusieurs tableaux donnant le résultat de toutes les expériences, et de 3 grandes planches gravées.   12 fr.

> Expériences de Beaufoy sur les corps plongés et les corps flottant à fleur d'eau. Expériences de Bossut, d'Alembert et Condorcet sur les corps flottants et sur l'influence des limites du milieu. Mesure de la résistance des carènes des navires par les expériences dynamométriques de remorque, — par les expériences de traction au point fixe, — par la comparaison des coefficients d'utilisation. Vérification des valeurs de la résistance par le calcul et l'observation des coefficients d'avance des bâtiments à hélice.

— **RÉFUTATION DU SYSTÈME DES VENTS DE MAURY,** in-8 accompagné de 3 pl. gravées.   4 fr. 50 c.

BOUTAKOFF (l'Amiral). — Voyez DE LA PLANCHE.

BONNEFOUX (DE), capitaine de vaisseau. — **VIE DE CHRISTOPHE COLOMB,** 1 vol. in-8 orné d'une vignette.   6 fr.

BRAVAIS, lieutenant de vaisseau, professeur à l'école polytechnique, membre de l'Institut. — **ASTRONOMIE, HYDROGRAPHIE ET PHYSIQUE** *des Voyages en Islande, Scandinavie, Laponie, au Spitzberg et aux Féroé.* 8 vol. grand in-8 accompagnés d'un atlas de 31 planches grand in-folio.   170 fr.

On vend séparément :

Astronomie, hydrographie et marées. 1 vol. in-8 accompagné d'un atlas de 9 planches in-fol.   40 fr.

> Longitudes et latitudes déterminées. — Marées observées. — Dépression de l'horizon et phénomène du mirage. — Sur les températures de la mer.— Sondages et courants dans les mers du Nord. — Phénomènes crépusculaires. — Étoiles filantes. — Densité d'eau de la mer.

Magnétisme terrestre. 3 vol. grand in-8 accompagnés d'un atlas de 8 planches in-folio.   60 fr.

> Variations et mesure de la déclinaison magnétique, ainsi que l'intensité magnétique horizontale, etc.

Météorologie, par MM. *Lottin* et *Bravais,* membre de l'Institut. 3 vol. grand in-8 accompagnés d'un atlas de 6 planches in-folio.   55 fr.

> Observations météorologiques faites à terre pendant les relâches et pendant l'hivernage. — Comparaisons barométriques faites dans le nord de l'Europe.— Variations et état moyen du baromètre. — Sur la température de

l'air, ses variations et son état moyen. — Des températures par rayonnement. — Hygrométrie. — Nuages et vents dans le nord. — Mesure des hauteurs par le baromètre optique astronomique.

Aurores boréales. 1 vol. grand in-8 accompagné d'un atlas de 12 planches grand in-folio   42 fr.

    Description de toutes les observations avec leurs résultats.

Historique des hypothèses faites sur la nature et la cause des aurores boréales. In-8.   2 fr.

Sur les marées observées. In-8 avec 2 planches gravées.   6 fr.

Ouvrage publié par ordre du Gouvernement.

CAVELIER DE CUVERVILLE, capitaine de frégate. — **ÉTUDES THÉORIQUES ET PRATIQUES SUR LES ARMES PORTATIVES, COURS DE TIR,** à l'usage des officiers qui n'ont pu suivre les cours de l'école normale du tir de Vincennes; développements des leçons professées à l'école normale impériale; étude pratique des armes à feu portatives, étude théorique et pratique du tir, étude des armes rayées et de leur projectilité, études complémentaires, etc. 1 vol. accompagné de grandes planches gravées.   15 fr.

COLLOMBEL, capitaine d'artillerie de marine. — **ESQUISSES DES CONNAISSANCES INDISPENSABLES AUX OFFICIERS** qui servent dans la marine militaire et dans l'artillerie de la marine, avec des considérations sur la spécialité de ces deux armes. 1 vol. in-8.   3 fr.

CONSEIL, capitaine de port à Dunkerque. — **GUIDE PRATIQUE DE SAUVETAGE** à l'usage des marins. 1 vol. grand in-8 accompagné de nombreuses figures dans le texte et de 2 planches gravées.   6 fr. 50 c.

    Livre premier. — Du naufrage en général. — Cas divers. — Moyens naturels de combattre le danger.

    Livre deuxième. — Engins de sauvetage à bord des navires et leur emploi. — Moyens d'y suppléer quand on n'en est pas pourvu.

    Livre troisième. — Engins de sauvetage dans tous les ports et sur le littoral. — Personnel obligé d'un poste de sauvetage. Nomenclature des objets qui doivent former le matériel d'un poste de sauvetage côtier. Moyens de se servir de ces différents engins. — Secours à donner aux naufragés et rappeler à la vie ceux qui sont dans un état de mort apparente.

    Livre quatrième. — Procédés employés pour sauver les navires et leurs cargaisons.

Ouvrage approuvé par toutes les chambres de commerce des ports.

DE CRISENOY, lieutenant de vaisseau. — **LES ÉCOLES NAVALES ET LES OFFICIERS DE VAISSEAU,** depuis Richelieu jusqu'à nos jours, étude historique, in-8.   2 fr.

— **LE PERSONNEL DE LA MARINE MILITAIRE** et les classes maritimes sous Colbert et Seignelay, d'après des documents inédits, in-8.   1 fr. 50 c.

DE FOLIN, capitaine de port. — **GUIDE DU CAPITAINE ET DU PILOTE** dans les rapports qu'ils doivent avoir pour diriger un navire, recueil de toutes les communications qui peuvent être échangées entre un capitaine et un pilote dans les principales langues de l'Europe, disposé de telle sorte que tous deux puissent lire en même temps la même phrase; 1 fort vol. in-8.   10 fr.

La première partie traite les différentes phases de la navigation, depuis l'abordage du navire par le pilote jusqu'à l'arrivée au port, et depuis la sortie du port jusqu'au congé que reçoit le pilote. La seconde partie est un vocabulaire comprenant les mots usités dans la marine dans les principales langues européennes.

Ouvrage approuvé par S. Exc. M. le Ministre de la marine, rendu réglementaire à bord des navires de la flotte par le Ministre de la marine des États-Unis, et approuvé par les chambres de commerce des ports de Bordeaux, le Havre, Nantes, Marseille, etc., etc.

Leitfaden für Capitaine und Lootsen.	*Guide for Captains and Pilots.*
Gids voor Kapitein en Loods.	*Guia do Capitão e do Pratico.*
Wagledare for Kaptein och Lots.	*Guia del Capitan y Practico de puerto o costa.*
Ledetraad for Captainer og Lodser.	*Guida del Capitano e del Piloto.*

DE FRÉMINVILLE, ingénieur de la marine, professeur à l'école du génie maritime. — **COURS PRATIQUE DE MACHINES A VAPEUR MARINES,** professé à l'école d'application du génie maritime. 1 très-fort vol. grand in-8°, avec figures dans le texte, accompagné d'un atlas renfermant 100 planches.   55 fr.

L'atlas se compose de 90 planches gravées, grand in-folio, représentant l'ensemble des machines et tous leurs détails, avec les cotes exactes à chaque pièce, et 8 grands tableaux numériques de comparaison, donnant la dimension juste et précise de chaque pièce. Pour chacune d'elles, l'auteur a établi la charge par centimètre carré qu'elle supporte d'un fonctionnement régulier. Ce travail, de la plus grande utilité, n'avait jamais été publié jusqu'à présent.

Première partie. Historique. Machines marines à balancier et à roues. Définition de la puissance des machines à vapeur. Examen des résultats obtenus avec les machines marines à balancier. Machines à roues à connexion directe. Principaux types de machines à connexion. Examen des résultats obtenus. Machines à hélices. Principaux types de machines à hélices. Résultats obtenus. Machines de divers systèmes. Machines à haute pression. Machines à hélices pour transports. Machines à pilon. Machines à cylindres inclinés. Machines rotatives.

Seconde partie. Cylindres à vapeur. Dimension et formes principales. De la consommation de la vapeur. Accessoires des cylindres. Piston moteur. Orifice du cylindre à vapeur. Du tiroir. Tiroirs équilibrés. Tiroir à coquille. Étude de la régulation. Épure circulaire. Épures de vérification. Mesure de la puissance des machines à vapeur. Mécanismes de changement de marche. Coulisse Stephenson. Appareils propres à modérer la puissance des machines. De la valve. Appareils de détente variable. Appareils de condensation. Condenseurs à injection directe. Condenseurs à surface. Pompes à air. Bâche et tuyau de décharge. Appareils d'alimentation. Tiges et traverses du piston.

Grande bielle. Guides. Balanciers. Manivelles. Arbres. Paliers. Forces d'inertie. Roues à aubes fixes et articulées. Des hélices. Formes des hélices. Installation des arbres. Hélices fixes. Hélices amovibles.

Ouvrage approuvé par S. Exc. M. le Ministre de la marine.

DE FRÉMINVILLE, ingénieur de la marine, professeur à l'école du génie maritime.
— TRAITÉ PRATIQUE DE CONSTRUCTION NAVALE, 1 fort vol.
in-8 accompagné de nombreuses figures dans le texte et d'un atlas grand
in-folio renfermant 14 planches gravées.　　　　　　　　　　23 fr.

Première partie. — Tracé des plans de navire et calculs qui s'y rapportent.

Seconde partie. — Construction en bois.

Troisième partie. — Constructions en fer.

Donnant chacune la description très-détaillée des derniers types et des derniers modèles adoptés dans la construction navale, avec tous leurs accessoires.

DELACOUR, ingénieur de la marine et directeur des constructions navales des
messageries impériales. — **ÉTUDE SUR LES MACHINES A VAPEUR
MARINES ET LEURS PERFECTIONNEMENTS**, surchauffe de
vapeur, grandes détentes, condensation par surfaces, haute pression, etc.,
brochure in-8 avec figures.　　　　　　　　　　2 fr.

DE LA LANDELLE, officier de marine. — **LE LANGAGE DES MARINS**,
recherches historiques et critiques sur le vocabulaire maritime, expressions
figurées en usage parmi les marins, recueil de locutions techniques ou pitto-
resques, un beau vol. in-8.　　　　　　　　　　5 fr.

DELAMARCHE, ingénieur-hydrographe. — **OBSERVATIONS HYDRO-
GRAPHIQUES, PHYSIQUES ET MAGNÉTIQUES** recueillies pen-
dant la campagne dans les mers de l'Inde et de la Chine, à bord de la frégate
l'Érigone. 4 vol. in-8.　　　　　　　　　　64 fr.

Cet ouvrage, où se trouvent consignées toutes les observations faites pendant le cours de ces campagnes, comprend l'itinéraire de la frégate, la liste
des instruments employés et les tableaux des observations météorologiques,
barométriques, thermométriques, magnétiques, d'inclinaison, de variation
diurne, de déclinaison, d'intensité, etc., etc.

Ouvrage publié par ordre du Gouvernement.

DE LA PLANCHE, lieutenant de vaisseau. — **NOUVELLES BASES DE
TACTIQUE NAVALE DES NAVIRES A VAPEUR**, ouvrage tra-
duit du russe de l'amiral *Boutakoff*, 1 vol. in-8, avec de nombreuses figures
dans le texte, et accompagné de 26 planches gravées, dont une grande partie
en couleurs.　　　　　　　　　　15 fr.

Ouvrage publié par les ordres de S. Exc. M. le Ministre de la marine.

— LES NAVIRES BLINDÉS DE LA RUSSIE, d'après les derniers documents officiels. Broch. in-8 accompagnée de 6 grandes planches donnant
le plan et les lignes d'eau, les dispositions intérieures, les dispositions de la
cale, le pont intérieur, les section, coupe et plan d'une tour, etc.　　2 fr.

DE LAPPARENT, directeur des constructions navales et du service général des bois de la marine. — **DU DÉPÉRISSEMENT DES COQUES DES NAVIRES EN BOIS,** et des moyens de le prévenir, in-8 avec figures dans le texte.   2 fr.

> Choix et emploi des bois. — Conservation des bois d'approvisionnement et desséchement artificiel préalable de ceux mis en œuvre. — Précautions à prendre dans le cours de la construction et préparations à appliquer au bois, soit pour neutraliser les agents de destruction, soit pour mettre les bois en état d'y mieux résister.
>
> *Ouvrage autorisé par S. Exc. M. le Ministre de la marine.*

DE LAPPARENT, directeur des constructions navales et du service général des bois de la marine. — **ASSAINISSEMENT ET DÉSINFECTION DES CALES DE NAVIRE** par la carbonisation, au moyen du gaz forcé ; addition au mémoire précédent. Broch. in-8.   50 c.

— **INSTRUCTION SUR LES BOIS DE MARINE ET LEUR APPLICATION AUX CONSTRUCTIONS NAVALES**, suivie du **TARIF OFFICIEL POUR LA RECETTE ET LE CLASSEMENT DES BOIS DE CONSTRUCTION,** 1 vol. in-4 avec fig. sur bois, accompagné : 20 fr.

> 1° D'un tarif donnant l'équarrissage au milieu et le cube, *au cinquième déduit*, des arbres dont la hauteur et le tour, au pied et sur écorce, sont connus ;
>
> 2° De 42 planches gravées représentant : le *dendromètre* (instrument pour mesurer la hauteur des arbres sur pied) ; des *coupes* de navire, où l'on voit la fonction, dans la charpente d'un vaisseau, de chacune des pièces qui figurent au tarif officiel ; enfin de *découpes* d'arbres indiquant le meilleur parti à tirer des arbres, d'après leurs formes et leurs dimensions, avec l'extrait du tarif officiel ;
>
> 3° De 16 planches lithographiées *en couleur*, montrant les qualités et les vices principaux des bois de chêne.

Ouvrage publié d'après les ordres de S. Exc. M. le Ministre de la marine.

— **TARIFS ET TABLEAUX DIVERS POUR LE CUBAGE ET LE CLASSEMENT DES BOIS DE MARINE.** 1 vol. in-12.   3 fr.

> Tarif de recette et de classement des bois de chêne.
>
> Tableau des équarrissages théoriques, correspondant aux divers diamètres sur franc-bois.
>
> Tableau pour servir au classement approximatif des arbres sur pied jugés propres au service de la marine.
>
> Tableaux régulateurs des équarrissages bruts à donner aux arbres en grume.
>
> Tarif pour le cubage estimatif, au 1/5 déduit, des arbres sur pied.
>
> Tarif pour le cubage, au 1/5 déduit, des bois en grume ou équarris.
>
> Tarif de cubage pour les bois équarris, comprenant toutes les longueurs de 20 en 20 cent. et tous les équarrissages de 2 en 2 cent.
>
> Chaque tarif est précédé d'une explication détaillée.
>
> *Ouvrage approuvé par S. Exc. M. le Ministre de la marine.*

— **TARIF OFFICIEL POUR LA RECETTE ET LE CLASSEMENT DES BOIS DE MARINE,** in-4 accompagné de figures dans le texte. 1 fr. 50 c.

DENAYROUSE, lieutenant de vaisseau. — **INSTRUCTION SUR L'APPA-
REIL PLONGEUR ROUQUAYROL** à air comprimé, basse pression.
Brochure in-18, avec figures.   60 c.

— **MÉMOIRE SUR L'APPAREIL PLONGEUR ROUQUAYROL A
AIR COMPRIMÉ** et instruction sur son emploi dans la marine, in-8
accompagné de plusieurs figures sur bois.   2 fr. 50 c.

> Principes généraux du ferme-bouche. Des pompes. Description détaillée
> du régulateur et de la pompe. Accessoires. Expériences faites sur l'appareil
> plongeur. Comparaison de l'appareil à air comprimé avec le scaphandre.
> Appareils à moyenne et haute pression. Description détaillée du compres-
> seur-compensateur et du régulateur. Calcul du compresseur-compensateur.
> Instructions générales sur l'appareil.

DONEAUD, professeur à l'école navale impériale. — *Voyez* LEVOT.

DUBOIS, professeur à l'école navale impériale.— **COURS DE NAVIGATION
ET D'HYDROGRAPHIE.** 1 très-fort vol. grand in-8 renfermant plus
de 200 grandes figures intercalées dans le texte et 9 planches gravées. 15 fr.

> De la boussole. Des connaissances des temps. Du cercle à réflexion. Du
> sextant et de l'octant. Des erreurs d'observations. Des chronomètres. Les ré-
> gler. Détermination de l'heure vraie ou moyenne d'un lieu à l'aide d'une hau-
> teur du soleil ou d'un autre astre. Détermination de la latitude et de la longi-
> tude. Déterminer la variation du compas. Des courants. Des cartes marines.
> Géodésie. Détermination des positions géographiques des sommets princi-
> paux du canevas géodésique. Du nivellement géodésique. Lever d'une carte
> marine et d'un plan hydrographique. Détails topographiques.

— **COURS D'ASTRONOMIE, DE GÉOMÉTRIE ET DE MÉCANIQUE
CÉLESTES, ET NOTIONS SUR LES MARÉES,** à l'usage des officiers de marine, 2ᵉ *édition* revue et considérablement augmentée, 1 vol.
grand in-8, avec de nombreuses figures intercalées dans le texte et 4 grandes
planches gravées.   10 fr.

> Description de l'univers astronomique. Définitions astronomiques. Étude
> complète des phénomènes apparents. Mouvement général de la sphère céleste.
> Coordonnées servant à déterminer la position d'un astre dans la voûte céleste.
> Instruments propres à mesurer le temps, les instants et les angles. Étude des
> étoiles. Étude du soleil. Étude de la lune. Différents modes d'observation.
> Éclipses. Calculs des éclipses. Études des planètes et des satellites. Notions
> sur les comètes. Méthode de Bessel pour les occultations décrites par la
> lune. Formules de précession et de natation. Formules d'aberration. Élé-
> ments de mécanique céleste. Détermination des rapports des masses plané-
> taires à la masse du soleil. Aberration de la lumière. Notions sur les marées.

— **THÉORIE DU MOUVEMENT DES CORPS CÉLESTES** parcourant
des sections coniques autour du soleil, ouvrage traduit du *Theoria motus cor-
porum* de *Gauss*; suivie de notes du traducteur. Un beau volume grand in-8
accompagné de tables et de trois planches gravées.   15 fr.

> Relations concernant une seule position dans l'orbite et dans l'espace. —

Relations entre plusieurs positions dans l'orbite et dans l'espace. — Détermination de l'orbite d'après trois observations complètes. — Détermination d'une orbite d'après quatre observations, dont deux seulement sont complètes. — Détermination d'une orbite satisfaisant le plus près possible à un nombre quelconque d'observations. — Détermination des orbites, en ayant égard aux perturbations. — Tables. — Notes du traducteur. — Méthode d'Olbers pour la détermination des éléments paraboliques d'une comète, au moyen de trois observations complètes.

DUBOIS, professeur à l'école navale impériale. — **ÉTUDE HISTORIQUE SUR LES MOUVEMENTS DU GLOBE.** In-8. 2 fr.

— **L'ANNÉE ASTRONOMIQUE.** Revue annuelle des découvertes, des travaux, des instruments et appareils astronomiques récemment inventés. In-8. Année 1861. 2 fr. 50 c.

DUBREUIL, capitaine de vaisseau. — **MANUEL DE MATELOTAGE ET DE MANŒUVRE,** 5ᵉ édition, 1 vol. in-8º accompagné de plusieurs planches gravées. 7 fr.

DUPERREY, capitaine de frégate, membre de l'Institut. — **OBSERVATIONS HYDROGRAPHIQUES ET PHYSIQUES** recueillies pendant son voyage autour du monde sur la corvette *la Coquille*. 3 vol. in-4 et atlas grand in-folio. 250 fr.
Hydrographie. 1 vol. grand in-folio composé de 52 cartes et 12 feuilles de texte. 200 fr.
Physique. 1 vol. in-4 de 294 pages, 7 planch dont 6 cartes. — **Hydrographie.** 1 vol. in-4 de 163 planches. — **Hydrographie et physique.** 1 vol. in-4 de 333 pages. 60 fr.

N. B. Ces trois parties ne se vendent pas séparément.

Tous les savants connaissent les travaux si justement estimés de M. *Duperrey* sur le pôle nord et l'intensité magnétique ; c'est le seul ouvrage où ils se trouvent consignés.

Ouvrage publié par ordre du Gouvernement.

DU TEMPLE, capitaine de frégate, directeur de l'école des mécaniciens, à Brest. — **COURS COMPLET DE MACHINES A VAPEUR**, *appareils employés pour la navigation*, ouvrage rédigé suivant le dernier programme officiel pour les différents grades des mécaniciens de la marine impériale. 2ᵉ *édition* refondue et considérablement augmentée. Un très-fort vol. in-8º, suivi d'une table alphabétique de toutes les matières, avec renvoi aux numéros où elles sont traitées, et accompagné d'un atlas renfermant 27 planches gravées sur acier, ayant chacune sa légende explicative. 17 fr.

Première partie. — Introduction ou éléments de mécanique et de physique.

Seconde partie. — Exposition générale des machines à vapeur marines, description de tous les types, montage, travail et régulation, entretien et réparation.

Ouvrage approuvé par S. Exc. M. le Ministre de la marine.

DU TEMPLE, capitaine de frégate, directeur de l'école des mécaniciens, à Brest. **— INSTRUCTIONS SUR L'ENTRETIEN ET LES EXERCICES DE LA MACHINE** à bord des navires armés, broch. 1 fr.

> Entretien des machines. — École de la machine. — Mise en marche. — Conduite de la machine. — Conduite des propulseurs. — Allumer et éteindre les feux. — Choix et embarquement du charbon. — Visites aux soutes.

— DU SCAPHANDRE ET DE SON EMPLOI. In-8° avec 2 pl. 2 fr.
> Circonstances dans lesquelles le scaphandre est d'un grand secours. — Description.—Usage.—Recouvrir le plongeur. — Conseils aux plongeurs. — Travaux sous-marins.—Signaux de convention.—Entretien du scaphandre.

—RETOURS DES MANŒUVRES COURANTES SUR LE PONT D'UN NAVIRE DE GUERRE, représentant le pont d'un navire avec toutes les manœuvres et le nom des cordages y aboutissant. Une grande feuille jésus in-plano. 1 fr. 25 c.

FITZ-ROY (l'amiral). **— LE LIVRE DU TEMPS,** manuel pratique de météorologie à l'usage des marins, traduit par M. MAC CLEOD, professeur au Borda. 1 vol. in 8 accompagné de 2 grandes planches.

FOUQUE. — NOTICE SUR LE GOUVERNAIL FOUQUE, adopté par le conseil des travaux de la marine française, ou gouvernail supplémentaire, remplaçant au besoin et instantanément le gouvernail véritable. Rôle et importance du gouvernail. Inconvénients du gouvernail ordinaire. Gouvernail de fortune. Gouvernail de rechange. Modifications et perfectionnements au système primitif. Résumé et conclusion. In-8 accompagné de trois planches gravées. 2 fr.

GARRAUD, capitaine de frégate. **— ÉTUDES SUR LES BOIS DE CONSTRUCTION,** 1 beau vol. in-18 accompagné de figures dans le texte. 3 fr. 50 c.

> Formation de végétaux. — Vie des arbres. — Terrains. — Coupe. — Dessiccation. — Écorcement. — Vices des bois. — Qualités des bois. — Monographie des bois durs, résineux, bois blancs et bois fins. — Cubage des bois en grume, équarris, courbes. — Dendromètre. — Résistance des bois. — Conservation des bois. — Extraction des forêts. — Règles générales de recette des bois de mâture. — Tableau de l'âge moyen des arbres au moment de la coupe la plus avantageuse. — Tableau de la hauteur des arbres, de leur croissance annuelle et des terrains qui leur conviennent. — Tableau représentant les indices qui signalent les défectuosités des bois et l'influence des vices sur l'emploi ou le rejet d'une pièce. — Modèles de marchés avec le ministère de la marine.

GAUSS, astronome. — Voyez DUBOIS.

GIQUEL, professeur d'hydrographie. **— NOTES D'ASTRONOMIE ET DE NAVIGATION,** augmentées d'une nouvelle méthode de latitude et d'observations relatives aux chronomètres et au grossissement des lunettes. 1 vol. in-8 avec 2 planches gravées. 5 fr.

GLOTIN, lieutenant de vaisseau. — **ESSAI SUR LES NAVIRES A RANGS DE RAMES DES ANCIENS,** in-8 avec une grande pl. gravée. 1 fr. 50 c.

GRÉHAN, s.-chef au ministère de la marine. — **LA FRANCE MARITIME,** par les auteurs les plus éminents de la littérature, ouvrage publié avec le patronage du ministère de la marine, 4 forts vol. in-4 ornés de 200 magnifiques gravures sur acier. 40 fr.

GRIVEL, capitaine de frégate. — **LA GUERRE DES COTES,** attaque et défense des frontières maritimes, les canons à grande puissance. In-8°. 2 fr.

> La guerre des côtes au temps passé. — Les entrées de vive force et les barrages. — Les siéges maritimes et la nouvelle artillerie à grande puissance. — Les débarquements et le transport des troupes. — Les bombardements maritimes. — La garde des côtes et la défense terrestre des frontières maritimes jusqu'à nos jours. — Défense mobile des ports et rades par la marine. — Organisation de la flotte garde-côte. — Le personnel et le commandement des côtes.

GUÉPRATE, docteur ès sciences, directeur de l'observatoire de la marine. — **VADE-MECUM DU MARIN** ou **MANUEL DE NAVIGATION,** 2 vol. in-8°, avec figures. 15 fr.

— **PROBLÈMES D'ASTRONOMIE NAUTIQUE ET DE NAVIGATION,** précédés de la description et de l'usage des instruments et suivis d'un recueil de tables nécessaires à ces problèmes, 3 vol. in-8°. 27 fr.

GUILLOUD, professeur de mathématiques. — **THÉORIE GÉNÉRALE DES CALCULS PAR APPROXIMATION,** contenant une formule générale qui exprime l'approximation du résultat d'un calcul quelconque, dont les données ne sont connues que par approximation; diverses formules approximatives, c'est-à-dire substituant un calcul plus simple à un autre, et donnant à peu près le même résultat; avec de nombreux exemples numériques et l'application à la recherche des racines approchées des équations algébriques ou transcendantes, soit par la formule de fausse position, soit par la formule de Newton rectifiée. 1 vol. in-8. 1 fr. 50 c.

— **CALCULS DES DÉRIVÉES,** contenant l'introduction au calcul différentiel et au calcul intégral, la décomposition des fractions rationnelles, les quadratures, le calcul des différences, les méthodes d'interpolation, les séries, etc. 1 vol. in-8. 3 fr.

— **COURS DE COSMOGRAPHIE.** 1 vol. in-8 avec planches. 3 fr.

JAL, historiographe de la marine et membre du comité historique des chartres. — **ARCHÉOLOGIE NAVALE.** 2 vol. grand in-8 jésus vélin ornés de 70 vignettes gravées sur bois, **au lieu de 40 fr.** 25 fr.

KELLEY, ingénieur, à New-York. — **PROJET D'UN CANAL MARITIME** sans écluse, entre l'océan Atlantique et l'océan Pacifique, à l'aide des rivières Atrato et Truando, précédé d'une introduction sur les différents projets de communication interocéanique proposés jusqu'à ce jour, par M. *V. A. Malte-*

Brun, et suivi d'une lettre de M. le baron *A. de Humboldt*. In-8 avec carte.   3 fr. 50 c.

LAMBERT, professeur d'hydrographie, ancien élève de l'école polytechnique. — **DE LA LOCOMOTION MÉCANIQUE DANS L'AIR ET DANS L'EAU,** in-8 compacte.   5 fr.

LETOURNEUR, lieutenant de vaisseau. — **NOUVEAU GOUVERNAIL DE FORTUNE.** Broch. in-8 accompagnée d'une planche lithographiée. 1 fr. 25 c.

LEVOT, bibliothécaire du port de Brest, et DONEAUD, professeur à l'école navale impériale. — **LES GLOIRES MARITIMES DE LA FRANCE,** biographie des marins, découvreurs, ingénieurs, médecins, hydrographes, etc., les plus célèbres de la marine française, 1 fort vol. in-12.

LAUNAY, chirurgien de la marine, médecin des prisons et du commissariat de l'émigration. — **LE MÉDECIN DU BORD**, à l'usage des capitaines et des officiers de la marine marchande. Un vol. in-12.   2 fr. 50 c.

> Règles générales pour l'examen et le traitement des malades. — Médicaments contenus dans le coffre, comprenant un numéro d'ordre, le nom du médicament, les quantités exigées suivant le nombre d'hommes d'équipage, la dose et la manière d'administrer. — Médicaments contenus dans le coffre, leurs doses, leur mode d'administration, leurs usages. — Formulaire, ou recettes diverses que l'on peut préparer avec les médicaments contenus dans le coffre. — De quelques ressources pour les malades, que l'on trouve en cours de voyage en dehors du coffre. — Observations sur les quantités de certains médicaments et sur les divisions de quelques autres.

LEWAL, capitaine de frégate. — **TRAITÉ PRATIQUE D'ARTILLERIE NAVALE,** 3 vol. grand in-8 avec figures dans le texte et accompagnés de dix-sept grandes planches gravées, dont plusieurs imprimées en couleurs.

> **Tome 1.** — Sabords. — Champ de tir. — Appareil de pointage. — Écouvillons. — Gargousses. — Inflammations accidentelles. — Culots et crasses. — Dégradation des lumières. — Valets. — Étoupilles à friction. — Installation des vaisseaux anglais. — Données d'expérience sur le tir. — Mesure des distances. — Déviations des projectiles dues à la vitesse du navire. — Passages des poudres et des projectiles.
>
> Accompagné de 8 grandes planches gravées et de figures dans le texte. 20 fr.
>
> **Tome 2.** — Pointage et chargement des pièces de mer. — Manœuvres, exercices et tirs des batteries, des gaillards des vaisseaux. — Instruction d'une deuxième batterie de vaisseau. — Instruction d'une première batterie de vaisseau armée de canons rayés.
>
> Manœuvres des pièces d'embarcations et des batteries de canons rayés de 4 employées à terre. — Manœuvres de force à bord et à terre. — Données d'expérience sur la manœuvre et le tir des bouches à feu marines.
>
> Accompagné d'une planche.   8 fr.
>
> **Tome 3.** — Tir convergent. — Tir précipité. — Tir à ricochet.
>
> Historique des travaux relatifs au tir convergent en France et en Angleterre. — Exposition du système du tir convergent. — Expériences de 1856. — Dis-

cussion du système et des résultats obtenus. — Expériences de 1859. — Adoption réglementaire de la méthode. — Principes d'exécution du tir précipité. — Expériences de 1857. — Discussion. — Application. — Installation. — Examen des principes et des règles du tir à ricochet. — Justesse du tir : données d'expérience sur les déviations. — Données d'expérience sur le ricochet du projectile sphérique. — Angles de chute, angles de réflexion, perte de vitesse. — Données d'expérience sur le tir ricoché.

Accompagné de nombreuses figures intercalées dans le texte et d'un atlas renfermant 8 planches imprimées en couleurs.　　　　　20 fr.

NOTA. — Chaque volume se vend séparément.

LEWAL, capitaine de frégate. — **TACTIQUE DES COMBATS DE MER.** 1 très-fort vol. grand in-8 accompagné de nombreuses figures dans le texte.

Introduction. — Historique des principaux combats de mer. — Bâtiments isolés. — Bâtiments réunis en escadres. — Méthode d'attaque et de défense. — Évolutions, manœuvres, emploi de l'artillerie et de la mousqueterie. — Principe d'évolution des navires à hélice. — Bâtiments cuirassés et artillerie à grande puissance chez les diverses nations maritimes. — Principes de combat.

LISSIGNOL, ingénieur de plusieurs compagnies de navigation à vapeur. — **LES ACCIDENTS DE MER,** moyens de les prévenir et nécessité d'une réforme dans la police maritime, 1 vol. in-8.　　　　　3 fr. 50 c.

LIVRE DE CONSOMMATION DES PROVISIONS à l'usage de MM. les officiers chargés de la comptabilité des provisions à bord des navires du commerce, 1 vol. in-4.　　　　　2 fr. 50

MAC CLEOD. — *Voyez* FITZ-ROY.

MERLIN, maître voilier, chargé de la voilerie à Toulon. — **TRAITÉ PRATIQUE DE VOILURE,** ou exposé des méthodes simples et faciles pour calculer et couper toutes espèces de voiles, 1 vol. in-8, avec figures dans le texte, et accompagné de nombreux tableaux, des qualités de toile, des grosseurs de ralingues, de coupes de laizes, de toiles, etc., etc., et de 7 grandes planches gravées.　　　　　5 fr.

> **Première partie.** — Du plan de voilure et de ce qui est relatif aux dimensions des voiles.
> **Deuxième partie.** — Du tracé et de la coupe des voiles.
> **Troisième partie.** — Confections, réparations et modifications des voiles.

MEUNIER-JOANNET, professeur à l'école navale impériale. — **COURS ÉLÉMENTAIRE D'ANALYSE** à l'usage de la marine, contenant un très-grand nombre d'applications. 1 vol. grand in-8°, avec de nombreuses figures dans le texte.　　　　　10 fr.

Tableau des formules de trigonométrie. Complément de géométrie et d'algèbre. Notions de géométrie analytique. Éléments de calcul différentiel et intégral. Équations diverses et applications. Géométrie à trois dimensions.
Ouvrage approuvé par S. Exc. M. le Ministre de la marine.

— **COURS D'ALGÈBRE ET DE TRIGONOMÉTRIE** à l'usage des

écoles d'hydrographie pour les aspirants au long cours, rédigé d'après le dernier programme. 1 vol. in-8, fig. dans le texte.   5 fr. 50 c.

NOTICE SUR LES MÉCANICIENS ET OUVRIERS CHAUFFEURS DE LA FLOTTE, résumé des conditions d'admission, d'avancement, de solde et de retraite attribuées aux divers grades, brochure in-8.   40 c.

Publiée par le Ministère de la marine.

NOTIONS SUR LA CHALEUR, à l'usage des mécaniciens de la flotte, contenant les principes dont ils peuvent avoir besoin dans leur service journalier ; explications, phénomènes, calorimétrie, combustion, tables diverses, etc., etc., in-8.   3 fr.

MOTTEZ, capitaine de frégate. — **RÉFLEXIONS SUR DIFFÉRENTS POINTS DE THÉORIE DU NAVIRE,** brochure in-8.   50 c.

NORMAND (J. A.), constructeur de navires. — **MÉMOIRE SUR L'APPLICATION DE L'ALGÈBRE AUX CALCULS DE CONSTRUCTION DES BATIMENTS DE MER,** in-8, avec planches gravées. 1 fr. 75 c.

Exposé d'une méthode nouvelle pour déterminer à priori les éléments principaux des bâtiments de mer.

Formules approximatives, pouvant servir à calculer : l'acuité longitudinale de la carène, — la distance du centre de déplacement en arrière du centre de longueur, — la distance du même centre à la flottaison, la hauteur du métacentre latitudinal au-dessus du centre de déplacement, — la hauteur du métacentre longitudinal au-dessus du même centre, — la surface de flottaison, — la surface de la coque, la surface de la carène.

Applications de la méthode. Résolutions de quelques-uns des problèmes qui peuvent se présenter à l'étude des constructeurs.

PAGEL, capitaine de frégate. — **TACTIQUE NAVALE POUR LES NAVIRES A VAPEUR,** définitions, évolutions par contre-marche, par conversion ; règles générales à suivre, comparaison des deux genres d'évolution, changement de route, etc., etc. Broch. in-8, avec une planche gravée.   1 fr.

PARIS, vice-amiral, directeur général du dépôt des cartes et plans de la marine, membre de l'Institut (Académie des sciences). — **DICTIONNAIRE DE MARINE A VOILES ET A VAPEUR,** *seconde édition* augmentée et complétement refondue ; 2 vol. grand in-8, papier jésus, accompagnés de 24 planches gravées.   40 fr.

VOLUME DE LA MARINE A VOILES.	VOLUME DE LA MARINE A VAPEUR.
Organisation militaire et administrative ;	Propriétés physiques de la chaleur et de la vapeur, tables ;
Législation et pénalité ;	Nature et propriété des métaux, tables,
Droit international et maritime ;	Combustibles, leur qualité, leur emploi ;
Arsenaux et ateliers ;	Description des machines à vapeur ;
Personnel et matériel ;	Détail de toutes leurs pièces ;
Construction et lancement ;	Chaudières, foyers, cheminées, chauffage ;
Arrimage, chargement et installation ;	Outils divers pour les machines ;
Gréement, mâture et voilure ;	Fonderies, forges, tour, ajustage ;
Armement et équipement ;	Confection et montage des machines ;
Amarrage à l'ancre ;	
Manœuvres et circonstances de mer ;	
Artillerie, canonnage et armes de combat ;	

Bâtiments européens et extra-européens ;
Tactique navale et ordres divers ;
Notions astronomiques et météorologiques ;
Hydrographie, géodésie, cartes et instruments nautiques ;
Hygiène, police et discipline ;
Expressions familières et figurées ;
Détails particuliers et généraux relatifs à la marine à voiles de l'État et du commerce ;
Vocabulaire anglais-français des termes principaux de la marine à voiles.

Conduite, dressage et entretien des machine
Propulseurs, hélices, roues à aubes ;
Navires à vapeur, mixte et en fer ;
Navigation par la vapeur ;
Machines à vapeur combinées ;
Machines à air chaud ;
Notices historiques sur les principaux inventeurs ;
Vocabulaire anglais-français des termes principaux de la marine à vapeur.

Les deux volumes ensemble, 40 francs.

Le *Dictionnaire de marine à voiles*, accompagné de 7 planches gravées. **20 fr.**

Le *Dictionnaire de marine à vapeur*, accompagné de 17 planches gravées. **22 fr.**

Ouvrage publié sous les auspices de S. Exc. M. le Ministre de la marine.

PARIS, vice-amiral, directeur général du dépôt des cartes de la marine, membre de l'Institut (Académie des sciences). — **L'ART NAVAL,** état actuel de la marine, description et discussion détaillées des derniers perfectionnements apportés tant dans la construction que dans les machines les plus modernes, 1 vol. in-4 suivi d'une grande table alphabétique de tous les articles et de toutes les figures avec renvoi aux numéros où ils sont traités et accompagné d'un bel atlas renfermant 21 planches in-folio gravées. **20 fr.**

> Navires cuirassés. — Blindages. — Construction. — Tactique de combat. — Paquebots. — Embarcations, voilures et détails divers. — Machines marines. — Propulseurs. — Artillerie nouvelle.

—**SUPPLÉMENT A L'ART NAVAL, OU DERNIÈRES INVENTIONS MARITIMES,** d'après des documents récents. In-8 accompagné d'une table alphabétique des matières avec renvoi aux numéros, et de onze grandes planches gravées. **4 fr. 50 c.**

> Navires à tourelle du capitaine Coles. — Navires à tourelle américains. — Navires partiellement cuirassés de M. Reed. — Navires à réduit central du capitaine Symonds. — Manœuvre mécanique des canons, par le capitaine Cunningham. — Canon sous-marin du capitaine Coles. — Le Royal-Sovereign. — L'Entreprise. — Dernières constructions. — Dernières expériences, etc., etc.

— **NOTE SUR LES NAVIRES CUIRASSÉS.** Broch. in-8 accompagnée d'une lithographie et de 2 planches gravées. **3 fr.**

— **CATÉCHISME DU MARIN ET DU MÉCANICIEN A VAPEUR,** ou traité des machines à vapeur marines, de leur montage, de leur conduite, de la réparation de leurs avaries ; 2ᵉ édition augmentée de la manœuvre des navires à roues à aubes ou à hélice, et d'une grande table alphabétique de tous les articles, avec renvoi aux numéros où ils sont traités. In-8 grand raisin avec de nombreuses figures dans le texte. **16 fr.**

Ouvrage publié sous les auspices de S. Exc. M. le Ministre de la marine.

— **APPENDICE AU CATÉCHISME DU MARIN ET DU MÉCANICIEN A VAPEUR,** ou guide théorique du candidat au long cours, rédigé conformément au dernier programme, et description de divers appareils à vapeur marins avec toutes leurs pièces. In-8 accompagné de 10 planches gravées, avec plusieurs figures sur bois. **3 fr. 50 c.**

PARIS , vice-amiral, directeur général du dépôt des cartes et plans de la marine, membre de l'Institut (Académie des sciences). — **TRAITÉ DE L'HÉLICE PROPULSIVE.** 1 vol. in-8 jésus de 580 pages, avec 9 grands tableaux et figures dans le texte, suivi d'une table alphabétique de tous les articles, avec renvoi aux numéros où ils sont traités, accompagné de seize grandes planches gravées.   22 fr.

Ouvrage publié sous les auspices de S. Exc. M. le Ministre de la marine.

— **UTILISATION ÉCONOMIQUE DES NAVIRES A VAPEUR,** moyens d'apprécier les services rendus par le combustible suivant la vitesse et la dimension des navires. 1 vol. grand in-8 accompagné de 25 tableaux et 12 grandes planches gravées, exposant les résultats des expériences et du service à la mer des navires.   8 fr.

— **MANŒUVRIER COMPLET** ou traité des manœuvres de mer et du gréement, à bord des bâtiments à voiles et à vapeur; par MM. le baron *de Bonnefoux* et *E. Pâris.* 1 vol. in-8 avec figures dans le texte et accompagné de deux grandes planches gravées.   7 fr.

Ouvrage rédigé d'après le dernier programme pour servir au brevet de capitaine au long cours et maître au cabotage.

— **ESSAI SUR LA CONSTRUCTION NAVALE DES PEUPLES EXTRA-EUROPÉENS,** ou collection des navires et pirogues construits par les habitants de l'Asie, de la Malaisie, du grand Océan et de l'Amérique, mesurés et dessinés par M. *Pâris,* pendant ses voyages autour du monde, à bord des bâtiments de l'État *l'Astrolabe, la Favorite* et *l'Artémise.* 1 fort vol. in-folio jésus vélin, de 160 pages de texte et 130 planches.   200 fr.

Ouvrage publié par ordre de S. Exc. M. le Ministre de la marine.

— **INSTRUCTIONS SUR LA MANŒUVRE DES CANOTS** naviguant avec grosse mer dans les brisants, accompagnées de renseignements pratiques à l'usage des marins des navires marchands ou des patrons de canots et suivies des moyens de faire revenir les noyés.   50 c.

— **VOCABULAIRES DES TERMES DE LA MARINE A VAPEUR :**

Allemand-français,
Danois-français,
Espagnol-français,
Hollandais-français,

Italien-français,
Russe-français,
Suédois-français,

publiés sous la direction de M. *Pâris,* contre-amiral, par des officiers et des commissions nommées à cet effet d'après les ordres du ministre de la marine de ces différents pays.

Chaque vocabulaire forme une brochure grand in-8 jésus.   1 fr. 25 c.

POUGET, capitaine de frégate. — **PRÉCIS HISTORIQUE SUR LA VIE ET LES CAMPAGNES DU VICE-AMIRAL COMTE MARTIN** pendant les années 1764 à 1797. In-8 orné de plusieurs planches.   6 fr.

REECH, directeur de l'école du génie maritime. — **MÉMOIRE SUR LES MACHINES A VAPEUR** et leur application à la navigation. Un vol. in-4 accompagné d'un grand atlas in-folio. 30 fr.

> Faits d'expérience. — Théorie ordinaire. — Des machines à haute pression. — Des explosions et des dépôts salins ou terreux dans les chaudières. — De l'emploi des roues à aubes. — De la forme des bateaux à vapeur et de leurs dimensions absolues. — Des perfectionnements généraux à apporter dans le mécanisme.

— **MACHINES DU BRANDON.** Rapport à l'appui du projet des machines du Brandon, dressé en exécution d'une dépêche ministérielle. 1 vol. in-4. 15 fr.

— **RÈGLEMENTS ET RENSEIGNEMENTS UTILES AUX CAPITAINES** et aux officiers de la marine marchande, contenant : obligations à remplir, signaux et entrées des bassins, objets d'armement, règlement d'arrimage, feux et signaux, composition du tonneau, rations des équipages, pensions de retraite, etc., etc., in-12. 1 fr. 50 c.

REYNEVAL. — **DE LA LIBERTÉ DES MERS.** 2 vol. in-8 avec une table alphabétique. 10 fr.

SÉBILLOT, ingénieur civil. — **DES CONDENSEURS PAR SURFACES** et de l'application des hautes pressions à la navigation à vapeur, in-8 accompagné de 3 planches gravées. 3 fr. 50 c.

> Nécessité des hautes pressions pour la navigation à vapeur. — Condenseurs tubulaires de divers systèmes. — Des moyens de rendre pratique la condensation par surfaces. — Des machines marines à haute pression. — Des chaudières marines à haute pression. — Étude comparative des principaux éléments des machines à haute pression et des machines actuelles. — Conséquences générales de l'emploi des hautes pressions sur mer. — Résumé et conclusions.

TAPIÉ, professeur de mathématiques, ancien officier de marine. — **GUIDE PRATIQUE DU NAVIGATEUR,** contenant 1° les modèles de tous les calculs astronomiques usités à la mer, avec notes dans le texte, expliquant la manière d'opérer dans tous les cas particuliers; 2° la carte du ciel; 3° une notice donnant la description et la position des principales constellations; 4° des tables pour faciliter les calculs les plus usuels, des tables pour faire le point, etc., etc. In-4 avec planches. 5 fr.

> Opérations sur les nombres sexagésimaux. — De l'estime. — Du point. — Connaissance des temps. — Correction des hauteurs. — Passage au méridien. — Levers et couchers des astres. — Aurore et crépuscule. — Passage au premier vertical. — Cas où l'angle de position est droit. — Variation du compas. — Problèmes sur les chronomètres. — Des longitudes et des latitudes. — Connaissance du ciel.

TOUSSAINT, avocat au Havre. — **CODE MANUEL DES CAPITAINES ET ARMATEURS DE LA MARINE MARCHANDE,** ou résumé de leurs droits et de leurs devoirs à terre et en cours de voyage dans leurs rapports avec le commerce et les administrations de la marine, des douanes et des contributions indirectes, suivi d'un répertoire alphabétique de toutes les matières avec renvoi aux numéros où elles sont expliquées. 1 très-fort vol. grand in-8. 12 fr.

> Du capitaine maître ou patron. — Des pilotes lamaneurs. — Règles aux-

quelles est soumise l'existence des navires. — Contrats auxquels peuvent donner lieu les navires. — Organisation de l'inscription maritime. — Classement des gens de mer.—Obligations et priviléges des gens de mer inscrits. — De la nomination du capitaine et de ses devoirs pour l'armement. — Affrétement et nolisement du navire. — Contrats et assurance du navire et du chargement. — Formalités relatives à l'expédition du navire. — Pièces dont le capitaine doit être muni à son départ. — De la sortie du port et du pilotage. — Responsabilité du capitaine et de l'armateur. — Armements pour la pêche de la morue, baleine et autres poissons. — Des convois et escortes. — Armements en course. — De l'émigration. — Des mers en temps de paix et en temps de guerre. — Discipline à bord. — Accidents qui arrêtent le voyage ou y mettent fin. — Des épaves. — Douanes dans les colonies. — Poids et monnaies des colonies. — Police des rades. — Retour des colonies. — Des consuls français. — Traités entre la France et les puissances étrangères. — Police des rades. — Police sanitaire. — Du rapport de mer. — Formalités relatives au déchargement et au payement des droits de douane. — Règlement des avaries. — Désarmement du navire. — Gages de l'équipage. — Droits de navigation.

VIEL, dessinateur au ministère de la marine. — **CONSTRUCTION DES BATIMENTS DE MER ;** tracé, calculs de déplacement, stabilité hydrostatique, description et tracé d'une hélice à deux ailes doubles, surface de voilure, dimensions, nombre de bouches à feu et effectif de l'équipage de tous les types des bâtiments à vapeur, des canonnières et des batteries cuirassées. In-8 grand raisin accompagné de 34 planches gravées. *Seconde édition revue et augmentée de texte et de planches.* 15 fr.

Construction de l'échelle métrique. — Tracé d'un bâtiment et exécution des pièces les plus difficiles qui entrent dans sa construction. — Tracé intérieur de la membrure. — Arcasse. — Couples dévoyés. — Encolures des barres. — Pièce de tour. — Estains. — Cornière et barre de hourdi représentées en perspective. — Établissement de plusieurs ponts les uns au-dessus des autres.

Tableaux de déplacement d'une frégate à vapeur. — Application des formules de déplacement à des corps réguliers. — Exposant de charge. — Métacentres. — Expériences de stabilité. — Règlements de mâture. — Calculs du point vélique. — Formules de jaugeage. — Poids déterminé par suspension sur couteaux. — Réduction des mesures anciennes en parties décimales du mètre.

Tracé et boisage de la partie arrière des bâtiments poupes rondes. — Tracé et exécution des couples cylindriques. — Coupe transversale au maître-couple d'un vaisseau de premier rang, à vapeur, et nomenclature de pièces figurées dans cette description.

Tableau général donnant les dimensions, calculs de déplacement et stabilité, surfaces de voilure, nombres de bouches à feu et effectifs de tous les types des bâtiments à vapeur, des canonnières et des batteries cuirassées.

Ouvrage publié avec l'autorisation de S. Exc. M. le Ministre de la marine.

SOUSCRIPTION PERMANENTE.

A UN FRANC LA LIVRAISON.

DICTIONNAIRE

DE

MARINE A VAPEUR

PAR

M. LE VICE-AMIRAL PÂRIS

Directeur général du dépôt des cartes et plans de la marine,
Membre de l'Institut (Académie des sciences).

NOUVELLE ÉDITION

Propriétés physiques de la chaleur et de la vapeur, tables.
Nature et propriété des métaux, tables.
Physique et chimie appliquées.
Combustibles, leur qualité, leur emploi.
Conduite des feux et surveillance.
Forges et métallurgie.
Types de toutes les machines à vapeur.
Puissance des machines à vapeur.
Description des machines à vapeur.
Détail de toutes leurs pièces.
Chaudières, foyers, cheminées, chauffage.
Outils divers pour les machines.
Fonderies, tour, ajustage.
Machines-outils.
Confection et montage des machines.
Conduite, dressage et entretien des machines.

Appareils destinés à modérer la puissance des machines.
Mécanismes de changement de marche.
Roues à aubes, pales fixes et articulées.
Hélices, construction graphique et formes différentes.
Accessoires de l'hélice et détails.
Hélices fixes, hélices amovibles.
Pompes, leurs diverses espèces.
Avaries et réparations.
Batteries flottantes et navires cuirassés.
Navires à vapeur, mixte et en fer.
Navigation par la vapeur.
Machines à vapeur combinées.
Machines à air chaud.
Notices historiques sur les principaux inventeurs.

Cette nouvelle édition forme un très-fort volume in-8° de jésus accompagné de 19 grandes planches gravées sur acier.

Elle est publiée en 22 livraisons.
Prix de chaque livraison, UN FRANC.

Paris. — Imp. de madame Vᵉ Bouchard-Huzard, rue de l'Éperon, 5.

NOUVELLES PUBLICATIONS.

PÂRIS, vice-amiral, directeur général du dépôt des cartes et plans de la marine, membre de l'Institut (Académie des sciences). — L'ART NAVAL, état actuel de la marine, description et discussion détaillées des derniers perfectionnements apportés tant dans la construction que dans les machines les plus modernes. 1 vol. in-4 suivi d'une grande table alphabétique de tous les articles et de toutes les figures avec renvoi aux numéros où ils sont traités, et accompagné d'un bel atlas renfermant 21 planches in-folio gravées. 20 fr.

> Navires cuirassés. — Blindages. — Construction. — Tactique de combat. — Paquebots. — Embarcations, voilures et détails divers. — Machines marines. — Propulseurs. — Artillerie nouvelle.

— SUPPLÉMENT A L'ART NAVAL, OU DERNIÈRES INVENTIONS MARITIMES, d'après des documents récents. In-8 accompagné d'une table alphabétique des matières avec renvoi aux numéros, et de 11 grandes planches gravées. 4 fr. 50 c.

> Navires à tourelle du capitaine Coles. — Navires à tourelle américains. — Navires partiellement cuirassés de M. Read. — Navires à réduit central du capitaine Symonds. — Manœuvre mécanique des canons, par le capitaine Cunningham. — Canon sous-marin du capitaine Coles. — Le Royal-Sovereign. — L'Entreprise. — Dernières constructions, dernières expériences, etc., etc.

DE FRÉMINVILLE, ingénieur de la marine, professeur à l'École du génie maritime. — TRAITÉ PRATIQUE DE CONSTRUCTION NAVALE. 1 fort vol. in-8 accompagné de nombreuses figures dans le texte et d'un atlas grand in-folio renfermant 14 planches gravées. 23 fr.

> Première partie. — Tracé des plans do navire et calculs qui s'y rapportent.
> Deuxième partie. — Constructions en bois.
> Troisième partie. — Constructions en fer.
> Donnant chacune la description très-détaillée des derniers types et des derniers modèles adoptés dans la construction navale, avec tous leurs accessoires.

DU TEMPLE, capitaine de frégate, directeur de l'École des mécaniciens à Brest. — COURS COMPLET DE MACHINES A VAPEUR, *appareils employés pour la navigation*. 2ᵉ édition, refondue et considérablement augmentée. 1 très-fort vol. in-8, suivi d'une table alphabétique de toutes les matières, avec renvois aux numéros où elles sont traitées, et accompagné d'un atlas renfermant 27 planches gravées sur acier, ayant chacune sa légende explicative. 17 fr.

> Première partie. — Introduction ou éléments de mécanique et de physique.
> Seconde partie. — Exposition générale des machines à vapeur marines. — Description de tous les types. — Montage. — Travail et régulation. — Entretien et réparation.
> *Ouvrage approuvé par S. Exc. M. le Ministre de la marine.*

DE LA PLANCHE, lieutenant de vaisseau. — NOUVELLES BASES DE TACTIQUE NAVALE DES NAVIRES A VAPEUR, ouvrage traduit du russe de l'amiral BOUTAKOFF. 1 vol. in-8, avec de nombreuses figures dans le texte, et accompagné de 26 planches gravées, dont une grande partie en couleurs. 15 fr.

> *Ouvrage publié par les ordres de S. Exc. M. le Ministre de la marine.*

— LES NAVIRES BLINDÉS DE LA RUSSIE, d'après les derniers documents officiels, Brochure in-8 accompagnée de 6 grandes planches donnant le plan et les lignes d'eau, les dispositions intérieures, les dispositions de la cale, le pont intérieur, les section, coupe et plan d'une tour, etc. 2 fr.

ALONCLE, ancien élève de l'École polytechnique, capitaine d'artillerie de marine. — ÉTUDES SUR L'ARTILLERIE RAYÉE DE MARINE, CONDITIONS INDISPENSABLES AU CANON DESTINÉ AU SERVICE DE LA FLOTTE. In-8, accompagné de 4 grandes planches gravées. 6 fr.

> L'artillerie rayée en France et en Angleterre. — Opinions du commandant Robert Scott, du capitaine Fishbourne et de sir William Armstrong sur le meilleur canon pour la marine. — Dernières expériences de Shœburyness. — Résultats. — Conclusion.
> Notes de l'Auteur. — Murailles cuirassées des navires. — Plaques d'armure. — Artillerie à grande puissance. — Projectiles perforants et contondants. — Fabrique et rayure des canons et des projectiles. — Vitesse des projectiles. — Dernières expériences en France, etc., etc.

DELACOUR, Ingénieur de la marine et directeur des constructions navales des messageries impériales. — ÉTUDES SUR LES MACHINES A VAPEUR MARINES ET LEURS PERFECTIONNEMENTS. Brochure in-8 avec figures. 2 fr.

FOUQUE. — NOTICE SUR LE GOUVERNAIL FOUQUE, adopté par le conseil des travaux de la marine française, ou *gouvernail supplémentaire*, remplaçant instantanément le gouvernail véritable. In-8 accompagné de 3 planches gravées. 2 fr.

> Gouvernail de fortune. — Gouvernail de rechange. — Modifications et perfectionnements au système primitif. — Résumé et conclusion.

GRIVEL, capitaine de frégate. — LA GUERRE DES COTES, attaque et défense des frontières maritimes, les canons à grande puissance. In-8. 2 fr.